AS FRONTEIRAS DA
PSICOSE

O objetivo da **Coleção Vox** é privilegiar a publicação de textos que, ao mesmo tempo, contribuam para fazer avançar as questões da clínica do psicanalista, ligando-as com a elaboração dos problemas que participam de nosso momento histórico.

MAURO MENDES DIAS

AS FRONTEIRAS DA PSICOSE

ILUMINURAS

Coleção Vox
Dirigida por Mauro Mendes Dias

Conselho editorial
Daniele Sanches
Luiz Eduardo de Vasconcelos Moreira
Gabriela Medeiros
Maria Cristina Teixeira Prandini

Capa e projeto gráfico
Eder Cardoso / Iluminuras

Revisão
Monika Vibeskaia

Este livro segue as novas regras do Acordo Ortográfico da Língua Portuguesa.

CIP-BRASIL. CATALOGAÇÃO NA PUBLICAÇÃO
SINDICATO NACIONAL DOS EDITORES DE LIVROS, RJ
D533f

Dias, Mauro Mendes, 1964-
As fronteiras da psicose / Mauro Mendes Dias. - 1. ed. - São Paulo : Iluminuras, 2025.

200 p. ; 23 cm. (Vox)

Inclui bibliografia
ISBN 978-65-5519-271-1

1. Psicoses. 2 Psicanálise. I. Título.

25-100584.0 CDD: 150.195
CDU: 159.964.2

Carla Rosa Martins Gonçalves - Bibliotecária - CRB-7/4782

ILUMINURAS
desde 1987

Rua Salvador Corrêa, 119 — 04109-070, Aclimação — São Paulo/SP — Brasil
Tel./ Fax: 55 11 3031-6161
iluminuras@iluminuras.com.br
www.iluminuras.com.br

SUMÁRIO

Ao Marcio Peter de Souza Leite, *in memoriam*
pelas conversas sobre psicose
que o tempo não apaga da lembrança

"Encontro-me no centro de um extraordinário combate em que o céu e o inferno não cessam de enfrentar-se a qualquer hora, pois você sentiu há muito tempo no seu coração e na alma, nos encontramos num momento determinante da história do mundo embora a maioria dos homens que habita o planeta tenha o ardil de não vê-lo e se recusam a se conscientizar disso; estes homens, Sr. Delanglade, e lhe falo da humanidade inteira, no instante presente se transformaram todos em demônios"

Antonin Artaud

(*Cartas de Rodez*, p.30, Iluminuras)

A PSICOSE E AS FRONTEIRAS DA PSICANÁLISE, OU O ENSINO PELO REAL

Mario Eduardo Costa Pereira

Fronteiras da psicose oferece um testemunho atual do pensamento vivo e vibrante de Mauro Mendes Dias. O leitor brasileiro, habituado à sua ampla produção, associa imediatamente seu nome aos interesses pela teoria[1] e pela clínica[2] lacanianas, assim como às articulações entre psicanálise e campos diversos como a moda[3], a política[4], e as formas mais brutais do laço social — o ódio[5] e a estupidez[6]. Ao tratar especialmente dessas duas últimas, Mauro Mendes Dias dá expressão a temas que lhe são particularmente caros, como a voz e a correlativa questão das vociferações em suas relações com a pulsão e com o supereu.

Neste livro que o leitor tem agora em mãos, Mauro reúne uma série de textos produzidos em diferentes contextos de interlocução, em sua maioria redigidos a partir de 2024. O fio condutor da obra é a psicose e seus desdobramentos teóricos e clínicos para a psicanálise — tanto em sua formulação geral quanto em suas interfaces com a psiquiatria, a política e o mal-estar contemporâneo da civilização.

O autor oferece aqui, para um público mais amplo, reflexões sobre um tema que, para quem acompanha seu percurso, constitui um eixo central de seu pensamento: o imenso desafio teórico e clínico representado pela psicose.

Para começar, situemos brevemente esse percurso. Após realizar sua formação psicanalítica no Colégio Freudiano do Rio de Janeiro, Mauro Mendes Dias muda-se para Campinas, em 1987, para cursar o mestrado em Filosofia na Unicamp. No mesmo ano, funda o Colégio Freudiano de Campinas e, posteriormente, após sua dissociação de M. D. Magno, cria a Escola de Psicanálise de Campinas, que deixou uma contribuição fundamental para a formação de novas gerações de psicanalistas na cidade e região.

Sua relação com Márcio Peter de Souza — a quem Mauro dedica afetuosamente este livro — tem início em 1991, quando passa a atender também em São Paulo, em um consultório que compartilhava com ele, Oscar Cesarotto e Geraldino Alves Ferreira Netto. Nesse período, realizou sua análise em Paris e participou do processo de passe em uma iniciativa que articulava a Escola Sigmund Freud à Association pour une École de la Psychanalyse, também sediada em Paris.

Em março de 2014, Mauro Mendes Dias funda, em São Paulo, o Instituto Vox — instituição dedicada à pesquisa e à formação de psicanalistas, que se consolidou como um dos espaços mais dinâmicos da cena psicanalítica brasileira contemporânea.

Acompanho de perto o trabalho de Mauro desde sua chegada a Campinas, no final dos anos 1980 — quase quatro décadas de convívio, amizade e interlocução. Seu percurso psicanalítico é marcado por um interesse contínuo, profundo e sistemático pela psicose. Não apenas se dedicou ao estudo e à publicação de investigações clínicas sobre o tema, como também é um dos poucos psicanalistas brasileiros com experiência sólida e continuada — teórica e prática — com o dispositivo de apresentação clínica de pacientes, tão central no ensino de Lacan. Dessa forma, sempre me pareceu natural que, em algum momento, ele publicasse uma obra como esta, que agora tenho a honra de prefaciar.

A concepção que Mauro propõe para a noção de "fronteiras" aplicada à psicose constitui o eixo deste livro. Não se trata tanto de delimitar logicamente categorias estruturais, nem de responder às noções diagnósticas vagas como "borderline" ou "estados-limites" tão presentes na psiquiatria e em certas correntes da psicanálise contemporânea. O proposito aqui é mais claramente delimitado, traçado quase "a bico de pena" — essa bela expressão empregada por Clarice Lispector para evocar uma forma muito delicada de precisão. Trata-se, antes, de expressar a desorganização radical das fronteiras em relação ao Outro na psicose. Mauro realiza aqui um estudo da psicopatologia, da clínica e — por que não? — de uma topologia existencial própria à psicose.

Acompanhemos os termos de seu argumento:

> "... as fronteiras são constituídas pelas condições de reconhecimento da diferença que o Outro apresenta ao sujeito, tanto quanto pela separação espacial que tal reconhecimento produz como consequência. A captura do sujeito através da sonorização do olhar pela voz o conduz não somente a não reconhecer o Outro em sua diferença, mas também a não introduzir entre eles um espaço de distância e convivência, com separação."

Em última instância, *Fronteiras da psicose* propõe uma ampla releitura da condição psicótica, tendo como referência a paranoia, e o modo como os impasses no processo de separação estruturam o destino subjetivo e a possibilidade de reconhecimento de sua singularidade e diferença frente ao Outro. É nesse contexto que o autor afirma: "o ódio esclarece sua função, qual seja, a de causar a destruição como estratégia de separação." Esse recurso desesperado de sobrevivência subjetiva singular diante do Outro totalizante revela sua dimensão política: o ódio é facilmente mobilizado nas massas, oferecendo-se como ferramenta de sujeição e de adoração ao líder idealizado. Aqui se articulam, com força renovada, os temas centrais de Mauro Mendes Dias: psicose, paranoia, ódio e os efeitos ético-políticos contemporâneos da brutalidade.

Dito de outro modo, *Fronteiras da psicose* é uma incursão sensível, rigorosa e radical nos territórios clínicos e políticos da psicose, com especial ênfase na paranoia. Combinando teoria psicanalítica, experiência institucional, casos clínicos e uma elaboração original sobre a escuta analítica, o autor reflete sobre os limites da psicose e, com isso, sobre as próprias fronteiras da psicanálise no enfrentamento do sofrimento psíquico atual.

A obra se divide em três partes. A primeira, "A questão das fronteiras", reúne oito capítulos que abordam as fronteiras subjetivas na psicose: sua dissolução, reinvenção e transgressão. Em "Ódio sem fronteiras", o autor analisa, a partir do crime das irmãs Papin, o ato psicótico violento como uma resposta ao apagamento da fronteira entre sujeito e Outro, centrando-se na função do objeto voz como operador de gozo invasivo.

"Folie à deux pela clínica e pela política do psicanalista", por sua vez, atualiza a noção clássica de delírio compartilhado e pensa a intervenção analítica como inserção de um "terceiro" que rompe a loucura a dois. Esse mesmo tema retorna em "Folie à deux na intensão e na extensão da psicanálise", alargando a discussão para o campo da ética e da política da psicanálise, introduzindo a articulação com a lógica borromeana e com os efeitos da escuta nas instituições.

O capítulo "Fronteiras clínicas e políticas do corpo na psicose paranoica" discute a fragilidade das bordas corporais na paranoia e sua relação com a política do gozo, propondo uma leitura clínico-política do corpo psicótico.

Particularmente interessante e original, "O pior da ciência: um mártir do nome" constitui um sólido trabalho de pesquisa psicanalítica que examina o famoso caso de Theodore Kaczynski, o Unabomber, para pensar o estatuto do Nome-próprio como suplência psicótica, distinguindo entre invenção subjetiva e identificação ideológica.

"A voz do telepata" reflete sobre a função da voz no despertar do sonho e na psicose, partindo do famoso sonho "Pai, não vês que estou queimando?", relatado por Freud na Interpretação dos Sonhos (1900). Trata-se aqui de pensar a voz como operador da separação ou da captura subjetiva. E o capítulo "Sustentar o inconsciente" propõe a função do analista como operador simbólico que reinventa as bordas subjetivas sem recair na lógica da exclusão.

A segunda parte do livro, "Apresentação de pacientes e a clínica psicanalítica", é composta por seis textos que tematizam a apresentação de pacientes como dispositivo clínico e formativo. O autor defende a apresentação não como encenação da autoridade do saber, mas como dispositivo de sustentação da transferência e produção de saber sobre o real da clínica.

A seguir, em "Não haverá psiquiatria sem psicanálise", Mauro denuncia a dissociação entre psiquiatria e escuta subjetiva, reivindicando a psicanálise como recurso ético e epistemológico na prática psiquiátrica.

"Quatro tempos da voz na experiência de apresentação de pacientes a partir da psicanálise", por sua vez, define quatro tempos lógicos na relação entre o sujeito psicótico e a voz, com base na experiência institucional e clínica.

"Função da apresentação de pacientes na formação do psiquiatra e do psicanalista" examina a apresentação enquanto operador clínico e de formação. É onde analista e psiquiatra podem se sustentar no não saber diante do real, servindo-se dessa experiência abissal para produzir pensamento e abertura criativa de novas possibilidades diante dos aparentes impasses e cristalizações da clínica. Essa mesma temática é desdobrada em "Do relato de caso ao ensino pelo real", texto que critica a formalização escolar do caso clínico, propondo o se deixar ensinar pela abertura ao real do sintoma.

A segunda parte se encerra com "O pior cego é aquele que não quer escutar", no qual Mauro Mendes articula a voz e o olhar como objetos a, cuja conjunção pode capturar o sujeito psicótico. De forma correlativa, a clínica deve operar a dissociação desses objetos.

Por fim, a parte III, intitulada "Anexos", traz dois textos que ampliam o campo de implicações da escuta e da intervenção analítica: "A relação entre música, canto e teatro pela dança", texto breve, que articula o corpo e a voz na experiência artística, sugerindo a dança como via de transfiguração do sofrimento e de inscrição simbólica. "Projeto: Equipe Ponte", por sua vez, apresenta um projeto clínico-institucional com crianças e adolescentes, inspirado em experiências da tradição humanista em psiquiatria, como a de Nise da Silveira. Nesse texto de encerramento do livro, Mauro defende a clínica como prática institucional de laço e invenção, ao mesmo tempo que mostra, de forma concreta, que no plano efetivo da clínica, psiquiatria e psicanálise não precisam ser práticas necessariamente contraditórias, compartilhando vastas extensões éticas permitindo práticas confluentes.

Vê-se, assim, que Fronteiras da Psicose constitui uma obra fundamental para quem se interessa pela clínica psicanalítica das psicoses, pelas articulações entre subjetividade e política, e pela invenção de dispositivos institucionais que possam sustentar a escuta do sujeito em sua singularidade. Trata-se de um livro rigoroso e comprometido com a ética do inconsciente, que interroga o lugar do analista, da instituição e do laço social em face da loucura. Um marco na literatura brasileira relacionada a tudo aquilo que a psicanálise pode oferecer nesse campo tão desafiador da teoria e da prática clínica com a psicose.

REFERÊNCIAS

Fingermann D, Mendes Dias M. *Por causa do pior*. São Paulo: Iluminuras; 2005.

Mendes Dias M. *Neuroses e depressão*. Campinas: Instituto de Psiquiatria de Campinas; 2002. 2 v.

_________. *Moda divina decadência: ensaio psicanalítico*. São Paulo: Hacker/Cespuc; 1997.

_________. *Entre baratas e rinocerontes*. São Paulo: Iluminuras; 2021.

Mendes Dias M. *Ódios: clínica e política do psicanalista*. São Paulo: Iluminuras; 2012.

_________. *O discurso da estupidez*. São Paulo: Iluminuras; 2020.

INTRODUÇÃO

Mauro Mendes Dias

"As fronteiras da psicose" reúne um conjunto de artigos sobre psicose, em sua maioria desconhecidos pelo público, ainda que apresentados e/ou escritos anteriormente, corrigidos e ampliados para o momento de agora. São frutos de participação em congressos, reuniões privadas, ou foram escritos com a finalidade de fundamentar atividades no Instituto Vox de pesquisa e formação em Psicanálise, de São Paulo. O objetivo de publicá-los reúne tanto um desejo de fazê-los circular para um Outro público, quanto de acolher a insistência de alguns colegas para que eu prosseguisse nessa direção.

Convidei para escrever a Apresentação deste livro um amigo de longa data, Mário Eduardo da Costa Pereira, psiquiatra, psicanalista, com o qual compartilho iniciativas , seja pelas Seções do Corpo freudiano no Brasil, seja no Instituto Vox. Mário me confiou a condução de todas as apresentações de pacientes durante o ano de 2023 com os residentes em Psiquiatria da Unicamp, onde é professor e orientador, além de fundador do laboratório "Sujeito e singularidade", naquela Universidade. Fiz questão, por isso mesmo, de incluir neste livro três textos sobre apresentação de pacientes, o último dos quais escrito como efeito dessa experiência no ano citado. Para o Pós-escrito convidei outro amigo, psicanalista e topólogo, Luís Carlos Petry, com o qual inaugurei uma troca plena de consequências, a ponto de que iniciaremos em maio de 2025, com a participação de outro amigo, Eduardo de Carvalho Rocha, psiquiatra e psicanalista, as atividades de um laboratório sobre topologia psicanalítica, política e paranoia, em São Paulo. Há muito tempo não nos encontrávamos, no entanto cada um de nós fora marcado de forma decisiva pela presença de um grande amigo em comum, Márcio Peter de Souza Leite, psiquiatra, psicanalista, com vasta experiência no campo das psicoses. Apesar de este já ter partido há alguns anos, não deixamos de relembrar e homenagear de forma pública as diferentes contribuições que nos legou. E Petry é alguém de quem tenho recebido retornos que fazem avançar o que escrevo, e sempre dedicamos tempo para manter a troca entre nós viva e constante.

A iniciativa desta publicação não teria sido possível sem o aval incondicional que há alguns anos recebo do amigo e editor-chefe da Editora Iluminuras, Samuel Leon. Cada vez que nos encontramos ele se mantém sempre interessado e disponível para levar adiante os projetos e ideias que apresento. Mais uma vez eu agradeço a ele pelo trabalho de excelência que realiza para a cultura brasileira, em suas diferentes áreas do conhecimento. Não tenho dúvida de que os convites realizados para a Apresentação e Pós-escrito constituem uma oportunidade que me permitirá retomar e relançar em breve o que agora segue publicado.

No Anexo incluí o Projeto da Equipe Ponte (@equipe ponte), uma experiência em funcionamento em São Paulo desde 2012, voltada ao tratamento de crianças e adolescentes portadores de síndromes orgânicas e psicoses. Escrevi esse Projeto logo após ter-me tornado o supervisor dessa equipe em 2019, reorientando a linha de tratamento. Ele é precedido pelo texto em homenagem a Alain Didier-Weill, psicanalista, aluno de Jacques Lacan, autor de numerosas contribuições na Psicanálise, dentre as quais se destacam os estudos sobre a voz, assim como a relação da Psicanálise com as artes, incluindo sua autoria de peças de teatro. Quando o convidamos para vir falar no Instituto Vox, em 2015, junto com alguns de seus alunos mais próximos, fundadores da Insistance, foi realizada pela primeira vez no Brasil a leitura de sua peça Freud-Einstein. Logo após seu falecimento em 17 de novembro de 2018 o núcleo de São Paulo do Corpo Freudiano, instituição com a qual Alain colaborava ativamente, realizou um tributo a Alain, no Museu da Imagem e do Som, onde o texto que segue no Anexo foi lido. Durante o trabalho com a Equipe Ponte fui me dando conta de uma ligação que ia sendo construída entre os anos de experiência que passei na Casa das Palmeiras, no Rio de Janeiro, fundada pela Dra. Nise da Silveira, e as contribuições de Alain. O Projeto para a Equipe Ponte evidencia os fundamentos e os efeitos dessa ligação.

De maneira a dar destaque aos efeitos práticos do que segue articulado neste livro, incluí pelo QR code dois textos que apresentam tais alternativas.

POR QUE FRONTEIRAS DA PSICOSE?

Quando decidi pelo título "As fronteiras da psicose", meu objetivo foi continuar insistindo em algumas elaborações que havia avançado ultimamente. Procurei dar destaque ao sentido que o determinativo da psicose promove, indicando que existem fronteiras próprias a ela, psicose, assim como irei mostrar de que forma é possível conceber o conceito de fronteira a partir da psicose, em particular da paranoia, ao lado de suas consequências.

A primeira vez que me referi ao conceito de fronteira (1) foi para mostrar sua atualidade nos atos criminosos encontrados na psicose paranoica. Nessa condição, o sujeito não estabelece suas relações a partir das trocas entre si e seus próximos, com possibilidade de diferenciação. Por não existir dialetização, suas ações são determinadas por um imperativo que as comandam, levando-o ao ponto onde a voz sonoriza o olhar, tornando este último prevalente (2), condição que o transforma no pior cego, enquanto aquele que não quer escutar (3). No momento do crime o sujeito é conduzido pelo ódio, paixão que habita seu ser e que pode ser facilmente agenciada para responder de forma unívoca aos impasses e conflitos. Trata-se da imposição de uma única alternativa que ao mesmo tempo reduz a zero o tempo de elaboração dos problemas apresentados, ao lado de permitir eliminá-los pela destruição do Outro. Isso evidencia que as fronteiras são constituídas pelas condições de reconhecimento da diferença que o Outro apresenta ao sujeito, tanto quanto pela separação espacial que tal reconhecimento produz como consequência. A captura do sujeito através da sonorização do olhar pela voz o conduz não somente a não reconhecer o Outro em sua diferença, mas também a não introduzir entre eles um espaço de distância e convivência, com separação. Assim, na condição de sem fronteiras o Outro fala do sujeito, para si mesmo, sem possibilidade de interpretação, tampouco de equívoco. Isso que significa que o Outro se mantém falando de forma contínua numa condição onde a invasão se faz lei. É uma condição atípica, na medida em que falar de fronteiras, nesses casos, é semelhante a falar de sua desaparição. Ao mesmo tempo em que o sujeito se refere ao Outro, ele, Outro, o ameaça, insistindo em ocupar seu lugar. É quando o ódio esclarece sua função, qual seja, a de causar a destruição como estratégia de separação. Falar de fronteiras é, por extensão, exercício de reconhecimento de limites que, no caso da psicose paranoica, se mantêm fora de operação. Isso nos conduz a estabelecer uma diferença com o campo da Geografia, uma vez que as fronteiras entre os territórios possibilitam, ao mesmo tempo, condição de passagem e de retorno possível entre dois lados que se reconhecem diferentes, incluindo território e legislação.

Quando me refiro à psicose paranoica em sua condição de sem fronteiras, não pretendo esgotar o entendimento desse conceito numa caracterização onde o ódio seguido de crime a definiria de forma exaustiva, ainda que tal manifestação seja encontrável (4).

O que distingue o sujeito na psicose paranoica, para a Psicanálise, não se limita, tampouco, a reconhecê-lo pela manifestação dos delírios de perseguição, reinvindicação e ciúmes que lhe são típicos, mas sim a uma estrutura que dá suporte a sua posição, qual seja, a de pura continuidade. Nesse sentido, ela se evidencia, por um lado, como sinônima de sem fronteiras, no sentido de sem diferenciação e, por outro, como insistência acentuada na direção de fazer Um. No ensaio dedicado a paranoia em seu livro "Massa e poder"(5), Elias Canetti sublinhou com precisão essa marca no delírio de Schreber, autor do livro, "Memórias de um doente dos nervos"(6), analisado por Freud. Canetti dá voz às palavras de Schreber:

> De fato, desde que o mundo existe, dificilmente terá aparecido um caso como o meu, ou seja, o de um homem que tenha estabelecido uma *relação contínua* não apenas com almas isoladas, mas com a totalidade das almas e com a própria onipotência divina (7).[grifo nosso]

A presença da continuidade como traço privilegiado é o que nos levará à retomada da *folie à deux* através dos psiquiatras que se ocuparam de sua nomeação, assim como pela experiência clínica com ela em textos neste livro (8). De outra parte, a insistência em direção ao Um se fará presente na tentativa radical de criar uma Outra sociedade fundada em princípios e valores inteiramente diferentes, onde não haveria a presença da ciência, da Universidade e da tecnologia, de forma a poder reintegrar o homem numa comunhão com a Natureza, pelo Unabomber, com quem mantive uma troca de cartas desde a prisão onde ele se encontrava na época (9). Poderemos também acompanhar tal tendência nas loucuras coletivas em vigor nas seitas, onde a unidade é vivida pelo isolamento da civilização e pela devoção aos princípios de salvação hipnotizantes (10).

Pelo que vem sendo apresentado, o sujeito que habita a psicose paranoica é refratário ao estabelecimento da trocas, diálogos, dúvidas, hesitações e condições de instabilidade que antecedem as mudanças. Por um lado, isso o torna exemplar em termos de sustentação de convicções inabaláveis, a tal ponto que a existência de Deus se faz presente pela missão que o sujeito se sente escolhido para realizar como único à altura delas. Daí sua hostilidade dirigida a outros que interfiram em suas intenções. Não por acaso a "situação primordial da paranoia" foi descrita por Canetti como:

> a sensação de o indivíduo estar cercado por uma malta de inimigos que o têm por alvo... Em sua forma mais pura, ela se manifesta nas visões de olhos: o indivíduo vê olhos por toda parte e por todos os lados, olhos que se interessam única e exclusivamente por ele e cujo interesse é absolutamente ameaçador (11).

Seguindo as convicções que acompanham o paranoico, encontramo-nos autorizados a afirmar sua ligação com a religião — ligação essa que não mais corresponde com o que nos foi transmitido pelos três monoteísmos, uma vez que aquilo que eles nos ensinam é o reconhecimento da fragilidade humana, nomeada como pecado. Na paranoia não se trata mais de poder pecar, não há lugar para o engano, e assim, o sujeito paranoico é aquele que sofre, sem saber, de uma "atrofia da metamorfose"(12). Por isso mesmo, no lugar da fé que acompanha os devotos, nesse caso iremos encontrar a presença do fanático, sempre disposto a realizar conversões forçadas. Nessas condições, o infiel, ao se valer de seu poder de escolha, tal como a etimologia de herege nos ensina, se transforma no traidor que merece punição. Eis porque o escritor Amós Oz afirmou que "a essência do fanatismo reside no desejo de forçar as outras pessoas a mudarem". Nas palavras do autor, "o fanático importa-se muito com você, ele está sempre se atirando no seu pescoço, porque o ama de verdade, ou apertando sua garganta, caso você prove ser irrecuperável"(13).

Não estamos longe de reconhecer a importância dos estudos sobre as novas modalidades de manifestações, ditas religiosas, que se valem dos mesmos princípios que são comuns à paranoia e ao fanatismo no Brasil. Desde alguns anos venho mantendo diálogo com um dos pesquisadores do tema, Bruno Paes Manso (14), com quem pude me aprofundar, em virtude da excelência de seus trabalhos de campo, na realidade que deforma o sentido da religião, a partir da ligação estreita com o tráfico, a milícia e o crime. Não é mera coincidência, portanto, que uma das pesquisas publicadas sob a forma de livro por outra autora tenha como título "Traficantes evangélicos"(15). Mantemo-nos, assim, em linha de continuidade com a condição de sem fronteiras apresentada desde o início nos casos de paranoia, uma vez que agora elas são usurpadas e invadidas em nome de conquistar espaços para a disseminação dos mercados ilegais. Acompanharemos em mais de um texto neste livro uma análise da condição de sem fronteiras promovida pelas guerras em nosso momento histórico, tal a multiplicação das invasões que as definem hoje. Importa notar que a condição de sem fronteiras não nos impede de destacar contribuições que a paranoia promoveu e promove, seja no campo dos saberes que suscitam convicções e visões de mundo, como é o caso do Direito e da Política, seja no campo das ciências onde a subjetividade inconsciente não é reconhecida. Um dos efeitos de colocar fora de operação o sujeito do desejo, portado pelo inconsciente, é que ele retorna servindo aos desígnios para os quais é instrumentalizado pelos discursos dominantes em um dado momento histórico. Sua presença se faz notar nos sistemas políticos da atualidade voltados à restauração de uma unidade perdida (16), onde não hesitam em promover assassinatos em massa e genocídios, de forma a cumprir uma lei típica da paranoia, que é aquela da purificação. Diferentes experiências foram conduzidas nessa direção, sendo emblemáticas as campanhas de purificação da raça por Hitler, assim como a da purificação da língua por Stalin. Mas não somente, já que sabemos com clareza, pelo estudo sobre "A linguagem do Terceiro Reich" (17), de Victor Klemperer, pela pesquisa de Jacques Sémelin publicada com o título "Purificar e destruir"(18), assim como o livro "1984"(19) de George Orwell, onde a Novilíngua se estabeleceu com êxito, que aquilo a que se visa na paranoia, sob a perspectiva do sujeito e do laço social é um esvaziamento da polissemia e da equivocidade. Por esse motivo, nas "Memórias", de Schreber, livro usado por Freud para uma análise da paranoia em uma de suas Cinco psicanálises (20), a língua falada entre o paciente e seu Deus era um alemão arcaico, não mais praticado entre os falantes da época. Devemos notar que a estratégia da paranoia com a língua, privando-a de sua riqueza semântica, foi e é utilizada pelos dirigentes políticos que fazem questão de recusar a complexidade da realidade, assim como os efeitos da modernidade nos valores da vida coletiva. Tal recusa é fundadora de estratégias que se multiplicam mundo afora, inclusive em nosso país, de forma a suscitar uma paixão pela mentira, pela desinformação (21) e cultivo da estupidez (22). Tais condições nos deixam advertidos quanto ao êxito, a ser analisado no livro, de gozos que ao mesmo tempo exaltam os seres que retornam dos esgotos da história, promovendo a consumação desenfreada de objetos permanecidos nas lixeiras em que se mantiveram conservados na putrefação. Mais do que apostar num pessimismo travestido de análise rigorosa, o de que se trata é levar a sério a complexidade que nosso momento histórico promove, de maneira a que possamos reinventar condições de intervenção na clínica psicanalítica, em sua intensão e extensão.

Afirmei antes que há uma utilização pelos dirigentes políticos das estratégias com a língua, assim como com a abordagem da realidade encontrada na paranoia. Tais estratégias permitem reafirmá-la como "doença do poder"(23) uma vez que, em termos de laço social, esse poder, sinônimo de poder do Um, insiste em manter fora de operação o que define a modernidade, qual seja, "a passagem do seu mundo para o nosso mundo", ou ainda, como bem nomeado por Marshal Berman, recusar que "tudo que é sólido desmancha no ar"(24).

Caso não houvesse uma condição íntima da paranoia que habita cada um de nós, seria impensável sustentar as articulações apresentadas até agora fora do laço mantido pela psicose. Há uma constância da paranoia que acompanha nossas vidas, estruturando-as. Ela pode ser definida como "o isolamento do que se apresenta a nós como uma espécie de constante paranoica, pois, como sabemos, Lacan introduziu o status paranoico do "eu" a partir da constituição da imagem sobre o modelo da imagem de um outro, do qual sabemos que a alteridade pode sem cessar vir a se revelar"(25).

Lacan nomeou a fase em que o sujeito, pequeno infans, experimenta um júbilo ao constatar a própria imagem refletida, devido a uma identificação que se realiza entre os 6 e 18 meses, como estádio do espelho (26). Nela se funda o reconhecimento de si mesmo a partir da afirmação que recebe de um Outro que assegura tal correspondência. Contudo, é preciso notar que essa imagem do eu é fundadora de um desconhecimento constitutivo, o qual é íntimo ao fato de o corpo daquele que é refletido não ser possível de representar o sujeito por inteiro, daí sua divisão. E ele não é representado por inteiro exatamente porque o fundamento de sua imagem é simbólico, ou seja, não se sustenta fora da linguagem que precede seu nascimento e, por isso mesmo, não promove a condição de onividência. Nas palavras de Thibierge:

> a imagem especular não pode dar conta do real que ela coloca em forma. Há alguma coisa que ela não pode integrar e é por isso que a totalidade que ela representa é um engodo. Permanece sempre um resto que determina a imagem, nesse sentido de que ela tem precisamente por função, na ordem humana, revesti-lo (27).

Afirmar a existência da condição sem fronteiras, desde a psicose paranoica, não deve ser identificado de forma unívoca como eliminação integral da descontinuidade. Tal condição se mantém atuante no cultivo de vínculos endogâmicos, onde o que é exterior ou o que vem dele, é marcado por valores depreciativos, hostis e ameaçadores aos que frequentam o interior. Nesse caso, o sem fronteiras se refere à recusa de admitir o que se mantém no exterior, ou mesmo, o que faz lembrá-lo. Condição onipresente em diferentes políticas mundo afora, onde não somente o imigrante é rejeitado e expulso, mas também o turista. Tal posição é cativa daquilo que produz como afeto, o ódio. Na disseminação dessa paixão vigora a necessidade de resolver os impasses e conflitos de forma cada vez mais rápida e violenta. Assim, ao se evitar o raciocínio e a reflexão, cultiva-se a degradação da língua como forma de evitar contradições e duplos sentidos. Não são necessárias maiores reflexões para constatar que é nesse terreno que o mercado molda grande parte da cultura, assim como dos gostos. A opinião pública, enfim, se torna o meio ideal de fazer política e conquistar reconhecimento. Tal como afirmei antes, o empuxo ao Um limita e reduz a vigência da particularidade, ainda que a encontremos em diferentes nichos e agrupamentos alternativos. A redução ao extremo das fronteiras como sinônima da onipresença do Outro é o que nos permite acompanhar a constituição do espaço na paranoia, levando as paredes a não barrarem mais a presença do vizinho, no mesmo lugar onde se encontra o sujeito. Não somente as paredes se tornam geminadas, facilitando que o Outro se torne presente pela voz que não cessa de atravessá-las mas, mais do que isso, dessa maneira para o psicótico, o "perseguidor é sempre topograficamente situado do outro lado e se faz notar do outro lado da divisória, do teto...."(28). Ao lembrar o que foi mencionado antes, no sentido da presença de uma "constante paranoica", na psicose, poderemos reconhecer também, uma presença geminada que atualiza a presença do Outro na constituição do espaço, devido à dependência que a espécie falante mantém para advir como humana. Nesse sentido, há uma concepção de fronteira que vem pela psicose paranoica, mas que não se resume às condições que se mantêm nela, psicose. Por isso é preciso considerar, em face da condição paranoica que nos é comum pelo eu humano, a parede geminada nos habita para além das limitações que a Arquitetura e a Engenharia promovem nas construções. Ela é responsável pela interpretação marcada por hostilidade em relação aos vizinhos, quando estes se manifestam pela presença de pequenos barulhos. Isso permite entender a mudança da legislação, a nosso ver desproporcional, incentivando a paranoia, relativa à lei do silêncio que passou a vigorar sem limitação de horário definido, bastando para sua aplicação que haja reclamação da vizinhança em qualquer momento do dia. Entendendo que tal comentário não é sinônimo de consentimento ao abuso de barulho, ao contrário, enquanto não houver uma educação para o silêncio e respeito aos vizinhos, o estímulo à paranoia se fará notar pela presença da punição e da hostilidade aos que são próximos. Não é nem um pouco incomum que a vingança após a punição realizada pela lei em vigor, a partir de denúncias, se expresse com frases do tipo, 'da próxima vez vou estourar seus tímpanos, nem pensa em conseguir dormir'.

Afirmei no início que há uma participação da paranoia na construção do conceito de fronteiras. Para tanto, basta acompanhar a forma pela qual as fronteiras foram criadas na história da humanidade. Elas são o efeito primeiro da invasão de territórios pelos vizinhos que procuravam tomar a terra e a produção de seus próximos pela força. Sabemos também a maneira pela qual foram demarcadas, sem nenhum tipo de reconhecimento de pertença aos povos que habitavam originariamente as terras invadidas. A demarcação de vastos territórios para as capitanias hereditárias no Brasil, criadas por Portugal no século XVI, não somente ilustram tal condição, como a ampliam, uma vez que nesses propósitos legalmente instituídos incluiu-se a conversão forçada dos índios para a religião dos colonizadores. Não é tão difícil reconhecer que a presença da paranoia se faz notar pelo exercício de uma política que visa à eliminação da diferença dos territórios invadidos, incluindo sua população e tradições.

As fronteiras não possuem a fixidez que a Cartografia nos leva a acreditar. Isso porque, na verdade, elas se mantêm pela demarcação de linhas imaginárias, praticamente impossíveis de encontrar correspondência material nas regiões indicadas. Além disso, conforme o exposto, elas podem ser ampliadas ou reduzidas, seja pela anexação legal de novos territórios, seja pela perda das terras devido a invasões promovidas pelas guerras.

Quando avançamos na direção do ser falante, o conceito se complexifica. Isso porque, nele, as fronteiras só são possíveis de serem abordadas a partir da noção de corpo próprio, o qual, por sua vez, se mantém na dependência da imagem que vem pelo Outro para se constituir. Isso significa que o sentido que nos assegura que a imagem refletida e a concepção de si mesmo que conquistamos, não é algo garantido de se manter como tal, uma vez que as condições que as estruturam se encontram na dependência tanto das tradições simbólicas que precedem nossa existência, como dos momentos em que tais acontecimentos decisivos se dão. Diferentes manifestações são exemplares para revelar a falta de garantia da consistência a que me refiro, dentre as quais o fenômeno do duplo, as alucinações, as cegueiras histéricas, a recusa sistemática de reconhecimento e a síndrome de Fregoli.

A complexidade que mencionei em relação ao conceito de fronteiras no ser falante se estende devido à dependência que ele mantém em relação às condições de subjetivação do mundo à sua volta, desde seus primeiros momentos de vida. Isso faz com que seus orifícios corporais, olhos, boca, ânus, nariz, ouvidos e poros, tenham sido investidos libidinalmente, gerando diferentes respostas aos apelos que recebe e manifesta ao promover satisfações que não se resumem no dualismo prazer/desprazer.

Uma vez que o conceito de fronteiras no ser falante se encontra na dependência da noção de estruturação do corpo próprio, isso significa afirmar que o exterior, passando a ser íntimo, vai implicar uma concepção de espaço não coincidente com a distinção que a geometria da esfera ilustra, já que nela há uma nítida separação entre o que está dentro e o que está fora. Em outras palavras, se o espaço tridimensional é aquele em que convivemos e estruturamos nosso mundo pelas relações métricas entre altura, largura e profundidade, o espaço a que me referi ao citar as deformações possíveis da imagem própria, assim como da concepção de si mesmo, é de uma Outra ordem. Trata-se de uma noção de espaço que envolve a deformação e o tempo. Ele deforma a ilusão do conhecimento que nos orienta pela visão, ao lado de se mostrar no tempo das diferentes posições em que o sujeito estrutura em sua vida. Portanto, para a apreensão desse espaço que é sinônimo de espaço com sujeito não iremos nos orientar pelos objetos referidos a sua materialidade física, mas sim à simbólica, no sentido de não estabelecerem uma coincidência daquele que fala, com aquilo de que fala.

Da mesma forma, a noção de tempo não coincide com o tempo cronológico, já que, como Freud nos ensinou, a temporalidade que nos importa é de caráter retroativo. Seja aquela que se encontra na dependência do final da frase para decidir pelo sentido do que foi falado no início, seja como sinônima da emergência de eventos que irão decidir novas condições para que o sujeito passe a contar de si mesmo. Neste último caso, são os eventos que passam a definir direções impensáveis até então.

Cada um dos termos indicados anteriormente sobre o espaço e o tempo só são apreendidos e teorizados a partir da transferência que organiza o laço entre o psicanalista e seu psicanalisante. Ainda que muitos desdobramentos teóricos possam ser avançados sem referência a tal condição, importa-nos insistir em que não se trata de organizar nosso campo a partir de um modelo. Enquanto me refiro a uma noção de espaço com sujeito e causa do desejo, os quais incluem a deformação e o tempo, faço referência direta a um campo da Matemática, a Topologia, da qual Lacan se valeu para tentar dar conta da estrutura presente em cada um. A inclusão realizada por ele é o que me permitiu falar da psicose paranoica como sem fronteiras, ou seja, sem descontinuidade. O que significa isso? Significa que a distinção que define cada um dos termos da estrutura — real, simbólico e imaginário— encontra na psicose uma condição de indiferenciação.

Partimos aqui do princípio de que cada um desses elementos da estrutura não mantém relações de equivalência, mas sim de distinção. Ao mesmo tempo, só sustentam a diferença que portam, mediante o enlaçamento com os outros dois. Tal condição é indicada por Lacan através da utilização de letras e cores diferentes para cada um: R, real, tem a cor azul: S, simbólico, tem a cor branca; I, imaginário, tem a cor vermelha. Também pelo lugar que ocupam numa frase, cada um deles se liga a verbos que os distinguem, como por exemplo na frase de Lacan: "Peço-te que recuses o que te ofereço, porque não é isso"(29). Peço-te que recuses, demanda, imaginário; o que te ofereço, objeto, simbólico; não é isso, porque impossível, real.

Tendo em vista o acima exposto podemos reconhecer que se retirarmos um dos verbos da frase, ela deixa de existir como tal, condição que mostra a lei de montagem do nó borromeano, ou seja, se um anel for retirado, o nó se desfaz, ou ainda, ele só se sustenta com os três ligados. Isso nos impede de fazer uma *ligação dois a dois*, por exemplo, entre palavras e coisas, entre imagens e coisas, entre imagens e palavras. Somente um terceiro elemento, uma terceira rodada, permite estabilizar a relação entre quaisquer dois deles. Como diz Jean Brini (30):

> O que vem estabilizar a relação entre a palavra e a coisa é a imagem.
> O que vem estabilizar a relação entre a coisa e a imagem é a palavra.
> O que vem estabilizar a relação entre a imagem e a palavra é a coisa.

Assim sendo, ao nos referirmos ao simbólico na psicose não estamos autorizados a afirmar que esse sujeito não se utiliza de palavras, tal como cada um de nós. O fator diferencial tem a ver com a condição da estabilização se dar através de uma ligação contínua e não dialetizante. Nesse caso, tanto o delírio quanto a alucinação se constituem como fenômenos elementares da significação. Por isso, a estabilização é sinônima do lugar onde o sujeito se encontra, o que não tem nada a ver com equilíbrio, nem pacificação, mas sim com mostração da sua casa na linguagem. Poderá experimentar a representação de seu corpo, imaginário, de forma bastante paradoxal, por exemplo, nos quadros de mania, inteiramente convicto que pode se jogar de grandes alturas, assim como atravessar paredes. Consideremos que Freud em relação à esquizofrenia afirmou que, nela, as palavras valem como coisas. Ou seja, isso se sustenta na medida em que admitamos que a alucinação no esquizofrênico estabiliza a relação entre a palavra e a coisa desde a imagem. Da mesma forma, o caráter de fixidez encontrado no delírio paranoico, o qual introduz uma condição de certeza em suas concepções, estabiliza a relação entre a coisa e a imagem, pela palavra, olhando o mundo pela voz que o invade. O surpreendente nisso, e nossa experiência com pacientes apresentados em hospitais psiquiátricos o reafirma, é que eles fazem transferência, dificilmente sendo inabordáveis por inteiro. Mesmo nas situações em que o psicanalista é mais desafiado para a constituição do laço, como é o caso relatado em um dos artigos sobre a telepatia (31).

É sempre oportuno lembrar que o terceiro que está presente na psicose não é semelhante ao terceiro em sua condição diferencial de lei da castração, mas sim como terceiro anel, seguido da ligação entre os outros dois. O que vai distinguir a relação entre os três anéis é a forma pela qual eles se ligam, nomeada de contínua, a qual Lacan mostrou pelo nó de trevo. Nó, esse, que não conta com a mesma condição de enlaçamento entre os três anéis, a começar pelo fato de que não iremos ver nesse nó os anéis entrelaçados mantendo a diferença entre cada um deles, a não ser pelas diferenças de cor que o desenho pode mostrar. Evidentemente, a constituição desse tipo de nó se encontra na dependência de um momento, o qual nomeamos de momento do desencadeamento da psicose, responsável por levar a uma nova montagem, já que, em face ao que se apresentou ao sujeito, ele vai se sustentar agora numa condição atípica. Aquilo que coloca em operação tal atipicidade é uma resposta gerada pelo mecanismo da foraclusão, impedindo o sujeito de se manter na referência das leis da linguagem, como metáfora e metonímia. Portanto, a foraclusão vai colocar em ato uma resposta ao real que o sujeito não tem como integrar. Essa atipicidade é o que iremos recolher no delírio, na alucinação e em outras formas de resposta do sujeito ao que o invadiu, enquanto não senso radical, para o qual o sujeito inventa uma nova montagem de forma a se sustentar. Como disse antes, a invenção de uma resposta não tem necessariamente caráter pacificador, tampouco definitivo. Isso porque a experiência de uma análise pode permitir, através da presença do psicanalista *com* o sujeito, que ele refaça suas respostas, ou não, passando a ser menos onerosas em termos de custo subjetivo.

Esclareço que preferi deixar traços do que reconheço ser necessário avançar e formalizar nesta Introdução a estender as questões na amplitude e rigor que exigem. Isso me levaria a um outro livro, impensável agora, ou a uma abordagem dogmática com a finalidade de cumprir um suposto dever, ao que não me disponho. Mesmo para o leitor que não tem conhecimento do que seja um nó borromeano, ou um nó de trevo, preferi abordá-los sem a imagem deles. Essa informação pode ser facilmente obtida com poucos cliques no Google. Mas não foi por economia ou descaso que o fiz. Insisto em que é necessário passar da experiência à formalização. E o que vejo acontecer é o contrário disso. Fazem-se ilustrações e indicações do nó borromeano, como se ao mostrar uma montagem do nó fosse suficiente para acompanhar o que levou a ele. Entendo que essa estratégia seja responsável por fazer da Psicanálise um campo insosso, ao lado da justificativa de alinhá-la com a ciência — responsável pela geração de contestação à Topologia, tanto quanto à Psicanálise. Minha tentativa foi mostrar de onde é possível construir o nó borromeano como estrutura de nossa existência e práxis. Cabe ao leitor dizer se isso lhe proporcionou algum esclarecimento. O futuro da Psicanálise se encontra, a meu ver, na dependência de fazer da transmissão uma experiência que desperte a vivacidade, abrindo novas pesquisas. No entanto, isso não é possível sem antes existir uma dedicação para apresentar o conteúdo com sabor. Nem sempre os anos de trabalho permitem gerar um gosto doce; no entanto, se considerarmos as dificuldades para o entendimento de muitas experiências, poder transmitir um sabor agridoce já pode ser considerado uma conquista!

Para finalizar, reconheço que tanto a parede geminada na psicose paranoica quanto a presença geminada na estrutura do eu humano indicam o trabalho de elaboração a ser levado adiante pelo psicanalista, de forma que a única regra que Freud nos legou, a da associação livre, possa franquear o acesso a uma escuta estruturada por desejo. Para tanto, será preciso não somente fazer análise, mas também manter-se advertido dos cantos de sereia que os mercados da contemporaneidade convidam o psicanalista para se sentar no trono dos novos gurus. A fim de cultivar as condições de esvaziamento dos templos virtuais, um psicanalista não poderá realizar esse trabalho isoladamente, mas sim na comunidade de seus pares, por meio de um trabalho que o engaje em elaborações comprometidas com o futuro da Psicanálise, em sua intensão e extensão.

BIBLIOGRAFIA CONSULTADA

(1) Dias, M. M. Ódio sem fronteiras. Conferência proferida no ciclo Destinos do ódio hoje promovido pelo Cartel franco-brésilien de Psycanalyse e pela *Revue lacanienne*, na Maison d'Amérique latine, Paris, 07 fev. 2024.

(2) Lacan, J. Seminário R.S.I., sessão do dia 08/04/1975. *Edição do Fórum do campo lacaniano de São Paulo*. 2022.

(3) Dias, M. M. Texto: O pior cego é aquele que não quer escutar: relações entre o olhar e a voz em Psicanálise. In D.Teperman,T.; Garrafa & V. Iaconelli, *Coleção Parentalidade e Psicanálise. Volume 5, Corpo*. S.P.: Autêntica Editora. pp. 53-61.

(4) Lacan, J. *Motivos do crime paranoico: O crime das irmãs Papin*. In *Da psicose paranoica em suas relações com a realidade*. R.J.: Editora Forense, 1987, p.381.

Dupré, F. *La "solution" du passage à l'acte*. Paris: Editions Érès, 1984.

(5) Canetti, E. *Massa e poder*. S.P.: Editora Companhia das Letras, 1985.

(6) Schreber, P.D. *Memórias de um doente dos nervos*. S.P.: Editora Paz e Terra, 1985.

(7) Canetti, E. op cit. p. 440.

(8) Em particular nos textos: *Folie à deux pela clínica e política do psicanalista* e *Ódio sem fronteiras*.

(9) Dias, M.M. *O pior da ciência: um mártir do nome*. Incluído no presente livro.

(10) Melman, C. Como reconhecer uma seita? In *A clínica psicanalítica e as novas formas de gozo*. R.J.: Editora Tempo freudiano, 2004.

(11) Canetti, E. op. cit., p. 456.

(12) Canetti, E. op. cit., o.453.

(13) Oz, A. *Contra o fanatismo*. S.P.: Ediouro, 2004, p. 29.

(14) Manso, B.P.A. *A república das milícias*. S.P.: Editora Todavia, 2020.

Manso, B.P.A *fé e o fuzil*. S.P.: Editora Todavia, 2024.

(15) Costa, V. *Traficantes evangélicos*. S.P.: Editora Good Books, 2023.

(16) Série documental de nove partes criada para a Netflix e dirigida por Brian Knappenberger: *Ponto de virada: a bomba e a guerra fria*, 2004.

(17) Klemperer, V. A linguagem do Terceiro Reich. R.J.: Contraponto Editora, 2009

(18) Sémelin , J. *Purificar e destruir*. S.P.: Editora Bertrand Brasil, 2009.

(19) Orwell, G. *1984*. S.P.: Editora Companhia das Letras, 2009.

(20) Freud, S. Notas psicanalíticas sobre um relato autobiográfico de um caso de paranoia. vol. XII. *Obras Completas*. Rio de Janeiro: Imago,1996.

(21) Bucci, E. Do jornalismo ao entretenimento. Jornal *O Estado de São Paulo*, pp. C6- C7, 28/01/2025.

(22) Dias, M. M. *O discurso da estupidez*. S.P.: Iluminuras, 2020.

(23) Canetti, E. op. cit., p. 448.

(24) Bermann, M. *Tudo que é sólido desmancha no ar*. São Paulo: Companhia das letras. 1996.

(25) Melman, C. A constante paranoica, In: *Estrutura lacaniana das psicoses*. S.P.: Editora Artes médicas, 1991.

(26) Lacan, J. O estádio do espelho como formador da função do eu. In: ___ *Escritos*. Ed Jorge Zahar, 1949.

(27) Thibierge, S. Clínica da identidade. *Centro de estudos freudianos de Recife*, 2024, p.54.

(28) Melman, C. *Les paranoias*. Paris: Ed Érès. 2014, p.128.

(29) Lacan, J. (1972). Peço-te que me recuses o que te ofereço. In: __________. (V. Ribeiro, trad.). *O Seminário, Livro 19...Ou pior*. (pp. 78-90). Rio de Janeiro: Zahar, 2012, p.79.

(30) Brini, Jean .O nó borromeano: uma escrita para a clínica (Luís C. Petry, trad.). In: P-C Cathelineau, *Essais sur la topologie clinique*. EME Editions. 2024.

(31) *A voz do telepata* (texto incluído neste livro).

PARTE I

A QUESTÃO DAS FRONTEIRAS

ÓDIO SEM FRONTEIRAS

A partir da prática psicanalítica com as psicoses, indico que a expressão "sem fronteiras" se refere à eliminação destas (fronteiras) de forma extrema, causada pelo ódio, na psicose paranoica, no momento do ato criminoso. Significa admitir, portanto, que a concepção de fronteira implica o reconhecimento de um Outro, estranho, desde o qual sou concernido a realizar uma abordagem, uma aproximação, reconhecendo sua referência a um Outro território, uma Outra língua, uma Outra tradição, um Outro corpo que estabelece limites ao meu.

Sendo assim, o ato criminoso na psicose paranoica vai ser produzido por uma junção do significante com a causa de gozo, o que foraclui as condições de reconhecimento da alteridade, condições essas que até então sustentavam uma distância possível entre o sujeito e o Outro. Tal significante vem do Outro sob uma condição invasiva para o sujeito, ameaçando sua própria existência. Nesse momento, são ele, sujeito, e o Outro que disputam o direito à vida. Contudo, não se trata de atribuir a causa desse ato a uma insensatez que habitaria a loucura. Mais do que isso, existem condições que estruturam esse ato, inicialmente sob a forma do delírio de perseguição – que faz constar, de forma imperativa, uma voz e um olhar acusatórios. Trata-se de um "tu és isso" em que a nomeação é substituída pela fixação do sujeito numa condição de dejeto.

Ao que parece, isso é o que podemos recolher quando as irmãs Papin recebem de suas patroas, madame e mademoiselle Lancelin, uma injúria que as identifica como nada, por não terem passado as roupas que elas, as patroas, esperavam encontrar prontas, o que não pôde se realizar devido a uma falha elétrica. "Vocês são nada", frase enunciada por Madame Lancelin, que iria preceder um rito atroz, no qual mãe e filha serão assassinadas de uma forma macabra. Contudo, não se trata de supor que o enunciado depreciativo "vocês são nada" tenha sido o responsável isolado pela matança.

Sabe-se que Christine e Lea Papin viviam na casa dos Lancelin como se estivessem num convento, nunca saindo de seu quarto (onde compartilhavam a mesma cama), a não ser para realizar as obrigações domésticas. Jacques Lacan não chegou a incluir o papel decisivo da terceira irmã, Émile, um dos nomes próprios dele, Lacan, na trama das irmãs [1] Ela vivia num convento, e foi por se manter encerrada nesse lugar que obteve autorização para sair da casa da mãe, como se sabe, uma delirante grave que exigia que a vida das filhas fosse dedicada a ela, inclusive para sustentá-la com o salário integral que recebiam. Quando Madame Lancelin enuncia de maneira ofensiva "vocês são nada", ela retira o duplo suporte delas, seja na referência à terceira irmã, seja pelo lugar privilegiado que ocupavam para sustentar a vida da mãe. Se elas são nada, tudo que até então as sustentavam cai por terra.

Elas são nada diante de um casal mãe-filha, madame e mademoiselle Lancelin.

Consideremos que as fronteiras mantidas pelas irmãs Papin, na casa dos Lancelin, permitiam que elas cumprissem suas obrigações com respeito às patroas e ao monsieur Lancelin. Elas não interagiam com a família, falavam apenas o indispensável. É um tipo de fronteira bastante atípico, já que não implica reconhecimento do Outro em sua condição de circuito simbólico e imaginário, mas sim sob

[1] cf. Dupre, F. *La solution du passage à l'acte.* Ed Beauchesne, 2021.

a forma do que vinha como comando para elas. Comando, esse, estruturado pelo enunciado do supereu, qual seja, "cumpre o teu dever", ou ainda, lembrando Freud em *O ego e o id*, "Faça".

É digno de nota que sua função como empregadas é também a colocação em evidência do colamento da posição subjetiva de cada uma aos ordenamentos pelos quais o Outro se faz presente. Elas são sem fronteiras, porque cada uma dá corpo por inteiro ao caráter tirânico do supereu na psicose paranoica. Nesse sentido, o "sem fronteiras" é causado por um gozo do Outro, em sua consistência sacrificial, como gozo da voz que silencia e faz falar somente Uma voz, numa condição angustiante. A voz é, assim, o nome do objeto pelo qual o Outro goza. Só existe uma voz nesse caso, aquela que é causa da eliminação das fronteiras.

Não somente podemos recolher a condição sem fronteiras pela expressão do ódio assassino na psicose paranoica como cabe, ainda, destacar a construção de Outra fronteira que é efeito desse ato. Christine e Lea Papin serão colocadas em celas separadas. E, ao mesmo tempo em que Lea retornará para a casa da mãe, ocupando-se de pequenos trabalhos sociais elementares, Christine terminará sua vida internada definitivamente com um quadro delirante. Tal condição não é suficiente para acreditar que todo ato extremo produzido pelo ódio na referência das psicoses cumpra uma função pacificante ou transformadora para um sujeito. Isso não deixa de nos interrogar sobre as condições que permitem tais mudanças para um sujeito e sobre outras que o encerram, como no caso de Christine, numa alienação enclausurante.

Pelo exposto até aqui, as fronteiras que cada um de nós mantém não chegam a garantir uma distância que permita uma convivência pacificada. Daí a importância de retomar uma passagem da fala de

Charles Melman quando ele afirma que "... as fronteiras são feitas para distinguir a pessoa do estranho"[2]. Se considerarmos que o estranho que habita cada um de nós é uma parcela de real irrepresentável, podemos deduzir que ele retorna pelo Outro com o qual entro em conflito.

No plano geográfico, por exemplo, sabemos que as fronteiras são, por excelência, o local onde as invasões de território se manifestam. Não faltam exemplos em nossa época, basta lembrarmos das guerras que assistimos proliferar com esse objetivo. Daí que a possibilidade de uma maior eficácia das fronteiras se encontra na dependência de uma Lei que condicione respeito e sanções para os que as transgridam. Em se tratando do território entre as diferentes nações, essa Lei encontra sua efetividade num reconhecimento internacional recíproco entre aqueles que a subscrevem. Perante a inércia de uma solução para interromper as invasões que assistimos no plano mundial, podemos reconhecer que há uma falência das autoridades que, num primeiro momento, assinaram o compromisso de impedi-las. Não foi por acaso, portanto, que Freud, ao concluir um de seus artigos sobre a guerra, tenha recorrido ao adágio latino segundo o qual se queremos a paz, tratemos então de nos preparar para a guerra! Um conjunto de questões pode ser listado nessa referência:

1. Uma retomada das elaborações de Freud sobre o ódio nos permite reconhecer que ele indicou desde cedo a precedência do ódio sobre o amor na estruturação do sujeito. Isso porque não somente o sujeito vai dirigir seu ódio para esse elemento que o priva de suas satisfações primordiais, elemento esse que

[2] "Les frontières c'est fait pour distinguer soi et l'étranger", cf. Melman, C. *Une relation à l´Autre moin barbaires est elle possible*? Lyon, 2017.

haverá de ser sobreposto a um referente, quando na verdade é o próprio exercício da castração e do desejo do Outro que estão em causa. Isso nos conduz na direção de uma concepção de interpretação que não se detenha em pacificar o sujeito nas suas manifestações de ódio, mas sim em fazer com que tenha de se haver com esse significante que ele acusa como o responsável por seu descontrole. Por isso mesmo, não se trata de fazer com que o sujeito reconheça de maneira forçada a ação desse significante, mas que possa encontrar naquele que ocupa a função de analista uma condição de não silenciamento do ódio, de forma que ele não seja transferido diretamente para o psicanalista. Mesmo que isso possa acontecer, vale a pena apostar num manejo da interpretação, tal como escreveu Martine Lerud, que atualize a ligação entre o enigma e a citação, promovendo efeito de surpresa e divisão, uma vez que ressoa como enigmático que tal citação tenha sido retirada do próprio discurso do analisante[3].

2. Constatamos, a partir das elaborações de Freud sobre o ódio na dinâmica da *transferência*, que ele faz constar uma polaridade entre transferência positiva e negativa, polaridade desde a qual reconhecemos a alternância entre o amor e o ódio. Contudo, foi o próprio Freud quem indicou a possibilidade do desligamento das pulsões de vida e de morte, gerando uma autonomia da destruição como sinônima de triunfo da pulsão de morte.

3. Ao retomarmos as contribuições da obra freudiana acima indicadas, pelo ensinamento de Lacan, reconhecemos não somente

[3] cf. Lerud, M. "Une formidable definition de l'interpretation", *Compagnon de Seminaire 1969-1970*, pp. 79-81, ALI.

a ligação entre amor e ódio como amódio, mas também como *hainamoration*, ou seja, como sinônimo de uma paixão pelo ódio, uma dedicação apegada a ele. É o que encontramos de forma exacerbada na neurose obsessiva, sempre com a justificativa de manter a razão, como estratégia para se manter aferrado a um não que preserva a qualquer custo, de forma a não ter de ceder ao Outro, evitando ser tocado e ver sua imagem abalada. Lacan também falou de gozódio, no meu entender uma questão complexa. Isso porque existem, segundo penso, diferentes inflexões desse gozo. Uma é o gozódio na neurose obsessiva, onde o sujeito não cede um objeto demandado pelo Outro, como fezes, por exemplo, e padece tanto de prisão de ventre quanto de avareza. Outra é o gozódio que vemos se manifestar numa transmissão geracional, com os descendentes se empenhando para realizar uma vingança que, não podendo ter sido cumprida nas gerações anteriores, é transmitida a eles como realização dessa tarefa com a qual se identificam pelo Outro que os constituiu. Não estamos longe de encontrar em Hamlet o caráter modelar dessa transmissão, ainda que não fique restrita aos problemas levantados na peça.

4. Desde cedo vamos encontrar nas elaborações de Lacan sobre o ódio uma abordagem que não se mantém na referência de um par, tal como encontramos na maior parte do tempo em Freud, mas sim numa condição ternária, indicadas pelas três paixões que nos constituem: amor, ódio e ignorância.

A título de experiência, gostaria de propor o rebatimento dessas três paixões nos três anéis do nó borromeano, considerando o objeto *a* em seu centro. Isso significa que, enlaçadas as paixões duas a duas, surgirão ao menos três modalidades de gozo das paixões. Por exemplo, se a paixão da ignorância, como sinônima de fazer questão de ignorar a partir da crença no imaginário do idêntico a si mesmo, se superpõe ao ódio em seu estatuto real, enquanto recusa da simbolização, isso reduz o amor ao extremo, em sua condição que promove a divisão e a diferença, próprias ao simbólico. O gozo desse enlaçamento é tanto aquele que causa o racismo quanto o que encontramos na defesa de algumas causas que, em nome de promover o reconhecimento legítimo das chamadas minorias, fragilizam-nas pela geração de endogamia. Articulando dessa forma, em que a ignorância baseada no idêntico se conecta ao ódio da simbolização, recolhemos um efeito suicida desconhecido por muitos.

Constatamos em tais posições o anúncio de um futuro que é maldi(c)ção, antevisto por Ionesco em sua peça "O rinoceronte". Lá, ele nos mostra que a cativação pelo idêntico é o que, ao mesmo tempo, elimina nossa humanidade pela destruição da linguagem. Aos poucos, no lugar da fala surgem os zurros dos rinocerontes. Corpos que se fazem escutar somente pelo som que emitem, sem qualquer possibilidade de estabelecer relação. É quando o absurdo de Ionesco se encontra com o de Beckett, em sua peça "Not I" [Não eu]. O auditor que havia sido incluído no roteiro pelo autor irlandês, ao lado da boca sem o restante do corpo, se movimenta somente em quatro variações dos braços, sem qualquer relação com o que a boca protagonista fala. Quando a linguagem perde a condição de estabelecer circuitos, iremos recolher não somente desconexão, mas também corpos que gritam, buscando engolir o mundo à sua volta à busca por reconhecimento.

Por último, lembro que se escuta e se fala sobre o ódio por todos os lugares onde andamos. A isso se somam as notícias internacionais que não somente confirmam a presença dele pela destruição de vidas humanas nas guerras. Diferentemente do que muitos pensam, a história define sua importância, em nosso campo de experiência, pelas marcas que os acontecimentos deixam em nossos corpos. Tais marcas do final do século XX ao início do XXI reafirmam o triunfo das invasões. O século XXI se inicia com a explosão das torres gêmeas por indivíduos que invadiram o espaço aéreo americano. Invasões, como tantas outras situações vergonhosas que vemos acontecer, possíveis devido à força das armas e das alianças espúrias no momento em que vivemos.

O que recolhemos como marca de gozo em tais acontecimentos é a possibilidade de quebrar o discurso e gozar de suas próprias vontades e justificativas sem mediação. A porta do inferno vai se abrindo segundo os acontecimentos de uma época. Em nosso momento, elas se escancararam, seja pelo retorno voraz da extrema direita, seja pela presença de um Deus que quer vingança. Doravante, os crentes do sentido vão continuar se empenhando na multiplicação da estupidez, desprezando a subjetivação, a cultura e a crítica. Estamos longe de intuir o que o ódio vai fazer avançar no futuro próximo. Só sabemos de sua presença garantida por um gozo que promove a paixão, tomando os corpos por inteiro, ao mesmo tempo em que os silencia da fala por meio das vociferações. Trata-se da expansão da religião do pior, aquela que liga os fiéis pelo sacrifício da particularidade que, anteriormente, os distinguia como humanos. Baratas, rinocerontes e ratos saíram das páginas da Literatura, adotaram o corpo humano e circulam pelas ruas.[4] Não por acaso, o escritor Ian

[4] cf. Dias, M.M. *Entre baratas e rinocerontes*, Ed. Iluminuras, 2021.

McEwan reescreveu em 2019 o clássico de Kafka, *A metamorfose*, sob o título *A barata*, fábula em que a metamorfose triunfou e a barata se tornou Primeiro Ministro sem provocar espanto nem indignação.

Outro tipo de laço se apresenta como necessário e possível de ser sustentado desde a Psicanálise. Para tanto, não se trata de se comprazer com uma crítica pueril à animalização do humano, mas sim de se dar conta de seu caminho sem retorno e da complexidade das causas e tratamentos possíveis. Isso nos leva a interrogarmos sobre a paixão que veio à público em 20/09/2023, em Berlim, na Alemanha[5], onde mais de 1000 pessoas se reuniram para serem reconhecidas como pertencentes a uma matilha de animais caninos e não mais como humanos. Trata-se de uma nova modalidade de ódio, agora dirigido à espécie humana por seus próprios membros, ou haveria de se reconhecer que, quando o gozódio avança pela metamorfose do humano, ele não se satisfaz mais somente com a matança dos hereges, mas investe numa direção antes não reconhecida, qual seja, a destruição da matriz da linguagem que nos estrutura. Caso tal construção seja sustentável, uma significação inédita do sem fronteiras será admitida: aquela que visa a destruir a separação entre o animal e o humano.

[5] Pandley, M. People who identify as dogs gather in Berlin, prompting calls for animal control. *NDTV*, Sept 20, 2023.

FOLIE À DEUX PELA CLÍNICA E PELA POLÍTICA DO PSICANALISTA

Desde quando foi comunicada na Société médico-psychologique de Paris em 1873, e publicada em 1877 por Falret e Lasègue (2002), a *folie à deux* inaugurou sua entrada no meio científico, através da dissertação dos psiquiatras franceses Falret e Lasègue. Reconhecida em descrições anteriores, em 1859 por Moureau de Tours e em 1860 por Baillarger, o quadro da *folie à deux* despertou duas explicações. A primeira, nomeada loucura comunicada, afirma que as alucinações e os delírios similares são comunicados ao componente passivo de uma dupla, sob a influência do primeiro, considerado ativo, ou dominante, portador de uma síndrome crônica" (Régis, 1880, p.43). Na segunda explicação, nomeada loucura simultânea (p.54), essas alucinações e delírios similares surgem concomitantemente nos dois doentes sob a influência de causas comuns. A *folie à deux* abordada como loucura comunicada participa da crença do contágio pela loucura, o que significa que o segundo elemento da dupla não é portador da mesma cronicidade do primeiro; somente aos poucos ele será contaminado. Enquanto loucura simultânea, ela se estabelece devido a condições patológicas que são comuns aos dois sujeitos, ficando apenas na dependência de contatos e influências ocasionais para que ela se conclua.

Vou partir do princípio de que uma abordagem psicanalítica da *folie à deux* se torna possível, a partir do momento em que se reconhece, na oposição das explicações psiquiátricas, uma questão que merece ser renomeada. Para tanto, é preciso elucidar que há uma diferença entre uma explicação que se baseia na simultaneidade de uma outra que se sustenta no contágio. A limitação comum a essas duas explicações tem a ver com o fato de que, pela teoria da adesividade, os dois são loucos, ao passo que, pela teoria do contágio, um dos elementos da dupla vai se tornando louco aos poucos. O que passa a ser privilegiado é que, de um lado, se é louco desde sempre, basta encontrar um parceiro para compartilhar essa condição. De outra parte, dependendo dos encontros que se realizem na existência, aliados a uma fragilidade de um dos componentes, o destino passa a ser traçado pela loucura.

O que passa desapercebido nessas duas explicações é que aquilo que importa na *folie à deux* não é redutível a condições de loucura que estão dadas, ora pela hereditariedade, ora pelo contágio, mas, sim, que o termo de ligação entre dois sujeitos denomina-se identificação, o que altera significativamente a estruturação e a explicação do problema. E muda significativamente por quê? Porque falar de identificação implica, de saída, introduzir o inconsciente e o desejo sexual como operadores a partir dos quais a loucura é redefinida, melhor dizendo, reinventada.

Para tanto, é necessário não se satisfazer com a retomada da Psiquiatria, pela Psicanálise, como sinônima de uma substituição de termos, ou seja, lá onde havia simultaneidade e contágio, agora se colocam identificação e desejo inconsciente. O estabelecimento da relação entre a Psiquiatria e a Psicanálise reduzida ao campo das substituições é o que tem levado a considerar a Psicanálise como sinônima de uma "cosmetologia". Ao mesmo tempo permite a proliferação, entre os psicanalistas, de uma denegação da especificidade de seu campo de experiência, qual seja, a suposição de que os problemas são os mesmos e que só mudam as explicações.

Se foi indicado no início do texto que a questão trazida pela *folie à deux*, desde a tradição psiquiátrica, merece ser renomeada pela

Psicanálise, como condição de sua abordagem, é mesmo porque, ao introduzir a identificação e o desejo inconsciente, não se trata mais de se deter na problemática da *folie à deux* como sinônima de um delírio ao qual se adere com prontidão, ou pelo qual se é tomado aos poucos. Notemos que na concepção da *folie à deux* como simultaneidade delirante, assim como contaminação progressiva, existe, em um e em outro caso, o encerramento da questão, ora determinada pelo encontro marcado entre dois loucos, ora pelo encontro fortuito entre eles. O que nos chama a atenção nisso é que a *folie à deux* é algo já dado, estando ela já dada pela loucura de dois sujeitos que basta se encontrarem para que ela floresça, tal como uma fruta que nasce madura após o encontro da semente com a terra adubada; ora, ela já está dada, como uma espécie de praga que existe antes do encontro com o polo mais fraco, bastando o acaso para desencadear a contaminação. Essa condição de já ser dada, seja através de dois indivíduos, seja por um deles, é a colocação em evidência da inexistência de uma estruturação simbólica. É como se a loucura habitasse desde sempre dois sujeitos, ou um deles, e a causa disso, loucura, não precisasse ser situada. Tacitamente ela é colocada fora de operação.

Não há dúvida de que apresentar a *folie à deux* como um quadro que já foi pintado antes do encontro entre dois sujeitos permite reduzir sua complexidade, ao limitar em saber se nele iremos observar uma sobreposição entre duas imagens ou se se trata de um apagamento progressivo de uma das partes componentes.

Nesses termos, o que o quadro da *folie à deux* nos revela pela tradição psiquiátrica é bem mais de acordo com um discurso. Nele, a *folie à deux* se anuncia como apagamento. Ou o sujeito já vem ao mundo apagado pela loucura e reafirma tal condição no encontro com seu semelhante, ou ele vem ao mundo como portador da capacidade de apagamento progressivo de um outro. Nesse quadro, que não é mais clínico, mas, sim, ideológico, a loucura apaga, dissolve as particularidades, ameaçando, seja com o aumento de sua potência, seja com sua capacidade de contaminação, a existência de quem dela se aproxima.

Basta que nos detenhamos no quadro pintado da *folie à deux* pela tradição para que possamos recolher dois procedimentos em pleno exercício para lidar com a loucura. Em se tratando de sua apreensão como loucura simultânea, deduz-se a necessidade de redução dos danos no encontro inexorável promovido entre seus pares. Enquanto sinônima de loucura por contágio, trata-se de produzir as condições para manter uma distância dela, fazendo do termo separação o significante que vai definir o contato com ela. Seja separação como termo organizador do louco com a pólis, seja separação como o elemento que define propostas diferenciadas de falar sobre a loucura, e não mais com ela.

No primeiro caso, a história da internação como prática de segregação continua a mostrar seu vigor. Daí a importância e atualidade da *Jornada folie à deux na relação mãe filha*, de 2011, promovida pelo *Seminário Fundamentos da clínica do psicanalista, pelas psicoses*, cujo tema foi o da internação nas psicoses. No segundo caso, a separação com o louco se realiza por meio de um discurso que o explica com termos e metáforas elegantes, porquanto baseadas em saberes reconhecidos, tais como a Psicanálise continua a produzir uma situação inédita em nossos dias, autorizando a falar da loucura, ao mesmo tempo em que se prescinde do encontro com ela. Um terceiro desdobramento se anuncia no tocante à separação e que não coincide com a segregação, tampouco com a evitação por um saber já dado. Ele participa da representação social da loucura, agora elevada ao status político da inclusão. Tudo se passa como se a inclusão do louco fosse algo que estivesse somente na dependência da vontade e dedicação do trabalho dos que dele se ocupam nos serviços da rede pública.

A dificuldade de articular e diagnosticar tal estratégia de evitação é porque ela age pelo negativo. Lá onde antes se identificavam expedientes grosseiros de apagamento e distância, agora florescem propostas de inclusão que, ao agirem em conformidade com políticas de propaganda estatística, evitam ter de se haver com a especificidade da experiência da loucura. Lá onde a loucura revela sua face de inadaptabilidade ao laço social, assim como de recusa aos tratamentos dispensados em seu nome, a promessa do louco cidadão se anuncia como um fantasma que caminha a passos largos encobrindo os impasses e as impossibilidades.

A *folie à deux*, segundo a concepção da loucura comunicada, parte do princípio de que, aos poucos, o contato com o louco promove a possibilidade de debilitação do parceiro que com ele compartilha uma relação de intimidade, uma vez que este último esteja marcado por algum tipo de fragilidade. Sem estender, ainda, como situar o que significa tal fragilidade, é digno de nota que nessa concepção parte-se do princípio de que há consequências, não somente no contato com o louco, mas com o que por ele é comunicado, ou seja, por seu discurso. Entende-se que a recepção pelo parceiro desse discurso pode promover mudanças extremas.

Temos apresentado, desde então, que a comunicação, enquanto uma ligação discursiva entre dois sujeitos que participam de uma mesma língua e do entendimento dela, leva à loucura. Nesses termos, a comunicação integral de uma língua, no sentido em que o sujeito a assimila, tal como é comunicada, a ponto de o receptor se fazer o polo de realização da mensagem do outro, é a colocação em exercício da loucura. Em outras palavras, a *folie à deux* enquanto loucura comunicada revela que a comunicação é a loucura. Ou, ainda, que a comunicação se realiza na loucura, legitimando que a *folie à deux* tenha sido nomeada como loucura comunicada.

Além de podermos situar o problema da comunicação e da língua na loucura através da *folie à deux*, ela também permite esclarecer que o laço entre sujeitos que participam de uma mesma língua, no sentido de que essa língua se qualifica por um entendimento comum e integral de seus termos, leva à loucura. Notemos que aquilo que aqui se nomeia como loucura não é coincidente a manifestações que, devido ao seu caráter manifestamente delirante, poderiam ser incluídas com facilidade no campo das psicoses. Até porque, estamos advertidos, a partir de uma experiência com tais sujeitos, de que a existência de delírio não é suficiente para diagnosticar a psicose, da mesma maneira que aquilo que mais se aprende com a fenomenologia é ser enganado.

Dois elementos merecem destaque para situar a loucura, mantendo como referência as elaborações de Jacques Lacan (1946/1988):

1º. "Toda loucura é vivida no registro do sentido" (p.166).

2º. "A loucura se realiza como uma estase do ser numa identificação ideal que caracteriza esse ponto de um destino particular" (p.173).

Vamos partir do princípio de que a língua que é experimentada na loucura não somente tende à univocidade; ela é também esvaziada de mal-entendido, o que a qualifica para fixar os sujeitos que a compartilham num destino fixado pelo Outro. Desde então, pela anulação da equivocidade, não há como existir escolha baseada entre alternativas diferenciadas e diferenciadoras, reduzindo ao extremo as possibilidades de exceção. Em termos da constituição da ordem simbólica, deparamo-nos com uma linguagem empobrecida, porquanto limitada na produção inédita de sentidos. Reencontramos aqui a extensão da Psicanálise no tocante à análise da linguagem nazista, tal como pesquisada pelo filólogo Victor Klemperer, em sua obra *A linguagem do Terceiro Reich* (1957/ 2009). Segundo ele:

> O nazismo se embrenhou na carne e no sangue das massas por meio de palavras, expressões ou frases, impostas pela repetição, milhares de vezes, e aceitas mecanicamente (p.55) ... Palavras podem ser como doses minúsculas de arsênico: são engolidas de maneira despercebida e aparentam ser inofensivas; passado um tempo, o efeito do veneno se faz notar (p.25).

Refletindo sobre a obra de Klemperer, George Steiner, no livro *Linguagem e silêncio: ensaio sobre a crise da palavra* (1958/1988), fala sobre "a pobreza proposital da linguagem nazista", e Klemperer esclarece como ela foi talhada para dirigir o pensamento do povo de acordo com a intenção do regime. A linguagem oral e a escrita se assemelham. A fala é em tom de declamação, fácil de decorar e oca de conteúdo (Oelsner, 2009, p.25).

O que, muitas vezes, passa desapercebido em tais análises é quanto à necessidade de esclarecer sobre o tipo de gozo que esses sujeitos retirariam ao permitirem ficar inteiramente tomados como servos nesse tipo de linguagem. Aqui se evidencia que o denominado polo mais fraco da *folie à deux* na verdade se beneficia segundo duas modalidades, a saber:

A primeira se refere a um consentimento que é dispensado por tais sujeitos à identificação com o discurso do Outro, deixando-se tomar por ele, o que favorece a suspensão do mal-estar que sua própria posição subjetiva promove. O que se intitula como alienação ao discurso do Outro, na verdade, permite viver uma liberdade que é sinônima de encobrimento dos próprios impasses. A culpa por ter abdicado do desejo retorna, segundo a lei do superego, em exigências cada vez maiores de servidão, a ponto, tal como no nazismo, de gerar colaboradores-delatores no seio da comunidade que é perseguida.

A segunda modalidade de gozo, que, na verdade, é um desdobramento da primeira, implica a liberdade de poder agir em conformidade com os imperativos de um discurso que, por se estar nele, por meio da identificação com o ideal, confere ao sujeito as condições de levar ao extremo a destruição que é agenciada pelo discurso do Outro. Os impasses promovidos pela diferença são realizados num consentimento para a passagem ao ato de forma coletiva, condição do genocídio. Considero que o gozo do ódio, agora posto em ato, é o fundamento dessa eficácia, fazendo dele uma política. Análise convergente com a pesquisa levada a termo na obra magistral de Jacques Sémelin, *Purificar e destruir* (2009). Nela, encontramos afirmado que há um passo a mais a ser dado em relação ao trabalho de Michel Foucault, *Vigiar e punir* (1975/2008). Trata-se da tomada em consideração do que o autor nomeia como "poder de destruir". Segundo ele: "o ato de massacrar constitui a prática mais espetacular de que um poder dispõe para afirmar sua transcendência, marcando, martirizando, destruindo os corpos de quem ele designou inimigo" (Sémelin, 2009, p.25).

Pelo que vem sendo apresentado, o laço constituído na *folie à deux*, entre dois sujeitos, ou muitos, revela que, em se tratando da paranoia, a tônica dessa amarração é a redução de alternativas diferenciantes; por isso mesmo, desde a Psicanálise, ela é a posta em ato de uma posição que compromete a separação, pelo desejo. Foi através de um trabalho de retomada da *folie à deux* nos primeiros casos de paranoia estudados por Jacques Lacan que se pôde constatar a presença da relação mãe-filha ilustrando seus impasses. Impasses esses, deve-se notar, de uma ordem dupla. A primeira se refere à situação que é típica da montagem da *folie à deux*, pelo mecanismo da foraclusão, alinhando-a com a psicose paranoica. Ela determina o emprego incondicional da filha na causa da mãe. Ponto não menos expressivo quanto se recolhe que, de fato, em se tratando do caso das irmãs Papin, elas haviam sido empregadas no desejo de sua mãe, ao mesmo tempo em que desempenhavam, por extensão, a função de empregadas na casa dos Lancelin onde trabalhavam, lugar esse em que o duplo crime seria realizado. Em segundo lugar, a tradição freudiana nos ensina que há um laço da filha com a mãe que não somente deixa um resto ineliminável, mas também que é nessa mesma relação que Freud adverte quanto ao surgimento de fantasias de envenenamento por parte da filha, quando esta não consegue realizar a separação com a primeira.

Se a relação mãe-filha exacerba a dificuldade de separação que se recolhe de forma extremada na *folie à deux* é mesmo porque o advento do desejo do lado da filha se encontra na dependência da forma segundo a qual sua própria mãe transmitiu a ela a lei da separação, enquanto Lei do desejo. Ou, ainda, a transmissão das condições para a simbolização do desejo pela filha se encontra na dependência da solução inventada pela mãe, junto ao desejo que vem pela avó. Podemos notar que, tanto na relação mãe-filha quanto na *folie à deux*, mediante a estruturação simbólica, o que se constata é que essa dupla está remetida, ao menos, a um terceiro. No caso da relação mãe-filha, à avó. No caso da *folie à deux*, ao terceiro enquanto excluído. Por extensão, é na relação mãe-filha que se pode indicar a colocação em ato da *folie à deux*, uma vez que é nesta que os impasses para a separação vão determinar os atos que visam permitir ao sujeito se desvencilhar dessa presença que o recobre. Em se tratando das irmãs Papin, por exemplo, foi através do ato criminoso que Christine e Lea Papin realizaram uma tríplice separação. A primeira entre elas duas, uma vez que cada uma delas dilacera o corpo de cada uma de suas vítimas, lembremos, um casal mãe-filha, isoladamente. Em segundo lugar, pelo ato, elas se separam da condição de empregadas e passam a ser nomeadas como criminosas. Em terceiro lugar, devido à prisão e, posteriormente, à internação, elas se separam, tanto entre si, já que não compartilham mais a mesma habitação, assim como em relação à mãe, uma vez que se encontram privadas da possibilidade de retornar para a casa dela.

Mais uma vez, aqui se insiste em que a assimilação da relação mãe-filha, no quadro da *folie à deux*, tem como objetivo destacar que a passagem para o advento do desejo se encontra na dependência, por um lado, de um desejo que está estruturado antes de o sujeito vir ao mundo e, por outro, que a separação por inteiro é impossível, uma vez que é somente a partir do lugar de mulher que se experimenta a função de mãe, ao mesmo tempo em que é a partir da relação com a mãe, enquanto filha, que se passa, ou não, à posição feminina. Conta-se também que, tal como na *folie à deux*, a problemática vivida na relação mãe-filha introduz a necessidade da invenção de uma solução inédita junto ao desejo da mãe, de forma a franquear o acesso ao desejo do lado da filha, a partir de então, uma mulher — entendendo-se que a nomeação de "uma mulher" diz respeito a uma posição feminina, termo indicativo de uma provisoriedade, que alerta para o fato de que ninguém é mulher por inteiro, a não ser na psicose.

Ainda que a relação mãe-filha permita situar a dificuldade de separação que se encontra de forma extremada, devido à ação do mecanismo da psicose, na *folie à deux* isso não impede afirmar que o que a relação mãe-filha tem de parentesco com a loucura é essa condição em que não se pode falar de uma, sem a outra. Seja porque para advir a uma posição feminina a filha se encontra na dependência do desejo da mãe, seja no que, para advir à função de mãe, a mulher precisa se valer de sua posição feminina, pelo desejo que lhe foi transmitido por sua própria mãe. Não deve ter sido por acaso que Jacques Lacan identificou a mãe no lugar da Coisa, condição essa que exprime que A Mãe, enquanto presença absoluta, impede o advento do sujeito, condicionando a necessidade de sua expulsão, transformando-a em fundamento simbólico para a existência. O notável é que essa mesma mãe, à qual é preciso dar uma destinação simbólica, é também quem, através de seu desejo, permite o advento do sujeito à vida. Pode-se notar que o desejo da mãe se estrutura por uma condição de invasão. Caso ela não invada o corpo de seu filho de maneira a tentar decifrar suas demandas, o bebê humano falece. Ocorre que uma coisa é invadir o corpo do Outro, mantendo-o como lugar de enigma e suposição de saber, outra coisa é invadir esse corpo para dele se apossar, fazendo disso uma extensão de si mesma, já que ali não é reconhecido nenhum tipo de alteridade. Por isso mesmo, é possível reconhecer no desejo da mãe, naquilo que ele é portador desse caráter de invasão, seja à base de reticências, seja visando à totalização, o núcleo a partir do qual a *folie à deux* ora se estrutura de forma comunicada, ora de maneira simultânea. Isso permite afirmar que, desde a *folie à deux*, o desejo da mãe se esclarece em sua vocação recobridora do Outro, visando seu apagamento.

Invasão, separação e invenção se apresentam, à luz da relação mãe-filha e da *folie à deux*, como os três termos a serem enlaçados por um sujeito, de forma a sustentar uma posição inédita, pelo desejo.

Voltando ao quadro, agora o de uma artista, Anna Maria Maiolino, intitulado "Por um fio", da série *Fotopoemação,* de 1976. Trata-se de um quadro, ainda que seja uma fotografia, já que não somente a própria artista, em uma de suas montagens, a enquadrou com uma moldura, mas também que, nesse trabalho se revela aquilo que não é representado e, nesse sentido, faz quadro, dando a ver sem mostrar. O que se vê? Um fio que liga, pela boca, a avó, a mãe e a filha, no caso, a neta. Esse fio, que evoca o fio da palavra, mostra que a ligação que se estabelece entre os seres de linguagem está para além do visível, remetendo a um Outro, que vem antes, o que chega até eles. Basta sobrepor ao quadro o nó que é próprio da paranoia, para notar que o que se obtém é uma continuidade que se estende mantendo a ligação entre os três. Essa amarração, chamada na topologia de nó de trevo, que é o nó da paranoia, portanto, o da *folie à deux*, tem como característica distintiva o fato de não ser borromeano, ou seja, um corte não é suficiente para desatar a ligação entre os três. São precisos três cortes, entendendo que esses três cortes haverão de promover efeitos, ou não, de dois a dois. Isso porque, partindo da neta, ao fazer ela um corte com a mãe, para que esse corte repercuta promovendo efeitos separadores do lado da mãe, vai ser preciso que ela consinta com o corte dado pela filha, o que pode acontecer, ou não, e assim sucessivamente. O fato de a mãe, assim como a avó, não permitir que os efeitos de separação se reproduzam não impede de considerar as consequências do ato para a filha, que, ao menos, terá conseguido se desfazer do nó, inaugurando, por uma ponta do fio, a esperança de algo novo a partir do corte. O que faz o corte? Um dizer, segundo Jacques Lacan. Essa palavra nova que, por sua vez, inaugura uma Outra posição, é uma resposta ao desafio que alguns sujeitos se dispõem a experimentar, de maneira a reinventar a ligação com o fio da palavra que os constituiu. A partir de então, o fio, que antes condicionava uma ligação em continuidade, perpetuando as mesmas palavras, abre a possibilidade de encontrar, no fio da palavra, o fio da navalha que irá cortar o que se mantinha ligado até então.

Não há como antever, programar ou mesmo indicar os meios pelos quais um sujeito poderá fazer um corte, pelo fio da palavra, como fio da navalha. Isso recoloca a necessidade de situar, através do quadro da artista, um além do visível, como o lugar de habitação do sujeito do desejo, assim como de seus fracassos. Nesse caso, o quadro se faz convite: o de se deixar levar pela luz da cegueira, como condição de encontrar, na palavra, o fio da navalha.

REFERÊNCIAS

Baillarger, J.G.F. Quelques exemples de folie communiquée. *Gazette des hôpitaux civils et militaires*, n° 38, p. 149, Paris, 1860.

Foucault, M. *Vigiar e punir*. 35ª. ed. Rio de Janeiro: Editora Vozes, 2008.

Klemperer, V. *LTI: a linguagem do Terceiro Reich*. Trad. Miriam B. P. Oelsner. Rio de Janeiro: Contraponto, 2009.

Lacan, J. (1946). Formulações sobre a causalidade psíquica p 152-194. In:_________. *Escritos*. Rio de Janeiro: Zahar, 1988.

Lasègue, c., & Falret, J. (1877). A loucura a dois. *Revista Latinoamericana de Psicopatologia Fundamental*, 9(4), 714-728, 2006.

_________. *La folie à deux. Annales Médico-Psychologiques*, n. 18, p. 321- 355, 1877. Trad: Maria Vera Pacheco. Revisão técnica:. Mário Eduardo Costa Pereira, Laboratório de Psicopatologia Fundamental – Unicamp.

Moreau de Tours, J.(1859) *La Psychologie Morbide dans ses rapports avec la philosophie de l'histoire ou de l'influence des névropathies sur le dynamisme intellectuel*. Paris: Victor Masson, 1859.

Maiolino, A.M. [Por um fio] 1976. *série Fotopoemação.* 1976. Fotografia analógica em preto e branco 52 x 79 cm. Tiragem de cinco.

Oelsner, M. B. P. LTI. *Apresentação. A linguagem do Terceiro Reich*. Rio de Janeiro: Contraponto Editora, 2009 (apresentação e tradução).

Régis, E. *La folie à deux ou folie simultanée*. Paris: J-B Baillière, 1880.

Semelin, J. *Purificar e destruir*. (J. Bastos, trad.). Rio de Janeiro: Difel, 2009.

Steiner, G. *Linguagem e silêncio: ensaios sobre a crise da palavra.* São Paulo: Companhia das Letras, 1988.

FOLIE À DEUX NA INTENSÃO E NA EXTENSÃO DA PSICANÁLISE

O primeiro ponto que se destaca quando se fala de *folie à deux*, loucura a dois, é que ela é algo que se entende sem maiores explicações. Não há dúvida de que existe loucura, muito menos *folie à deux*. Por que existe esse entendimento tão imediato da loucura a dois? Nela reconhecemos a loucura como possível de ser comum entre dois. Em outras palavras, é pela *folie à deux* que constatamos a possibilidade de transformar o *à deux* em Um. Não mais o Um absoluto, mas sim como empuxo ao Um, fazendo barreira ao *à deux*, de existir dois, ou seja, diferença.

Meu objetivo ao retomar a *folie à deux* pela Psicanálise é apresentar um enlaçamento entre o que a Psiquiatria clássica nomeou em 1873, com Lasègue e Falret, como *folie à deux*, com o que, hoje, podemos reler e avançar a partir deles. O primeiro ponto que interessa destacar nessa classificação é que a *folie à deux* foi reconhecida como uma loucura, sendo decisivo para o estabelecimento dessa patologia a presença de um polo da dupla que é mais forte e um outro mais débil, mais frágil. Herdamos, pela tradição psiquiátrica, a suposição falaciosa de que a loucura se dá entre dois, na qual o fator decisivo é a cronicidade de um agindo sobre o outro. Essa suposição é falaciosa, a nosso ver, pelo fato de que a loucura não pode ser explicada como força, menos ainda pela existência somente de uma dupla. Pela Psicanálise, há sempre ao menos quatro elementos de saída: o sujeito, a dupla significante e o objeto *a*, causa de desejo. Esses quatro elementos compõem entre si diferentes relações, a partir das montagens que estruturam as respectivas posições subjetivas. Portanto, na *folie à deux*, a partir de Lacan, é possível reconhecer o quatro, em dois, no *deux*, de *folie à deux*.

Mais além, se coloca a possibilidade de articular sua estruturação para além do percebido, lá onde o colamento se dá a ver e escutar. Lá onde uma determinação pode ser reconhecida pela proximidade entre os corpos. No extremo, é como se estivéssemos acompanhando, através de alguns movimentos, o que um dia terá sido o nascimento dos gêmeos siameses. Pude constatar isso desde o primeiro encontro com um casal mãe-filha, que se mostraram inseparáveis ao subir a escada para a sala de atendimento. Elas vieram desconfortavelmente abraçadas, assim como sentaram juntas na mesma cadeira, dentro do consultório.

Se relembrarmos o caso das irmãs Papin, sobre as quais Lacan dedicou um artigo, há algo que merece ser retomado, de forma a ir além dos limites da tradição psiquiátrica. Por isso mesmo, é preciso reconhecer o papel da terceira irmã, Émile, numa análise do caso que se afaste do *deux*. Não há motivo para não lembrar que Émile era um dos nomes próprios de Lacan. Se se torna possível incluir o terceiro elemento, pelo nome de Émile, é mesmo porque ela promove uma identificação imaginária como aquela que escapou da casa da mãe e foi viver num convento - ainda que tal decisão tenha sido forçada como única saída. Lembremos que as irmãs Papin viviam na casa dos Lancelin, para quem trabalhavam, como se estivessem num convento. Tal como a irmã, não saíam de casa, muito menos do quarto, nos dias de folga.

O que os quatro elementos que vêm pela Psicanálise nos permitem esclarecer nesse caso, para além de uma constatação fenomênica? Em primeiro lugar, é que se o sujeito se estrutura pelo Outro, existe

A mãe, as filhas, o pai, e o desejo. O pai, nesse caso, é inteiramente tomado pela exigência da mãe de suas filhas, para quem, tal como elas, é sua condição se entregar incondicionalmente, dando inclusive seu salário a ela. Por que esse imperativo materno funciona de forma tão decisiva para cada um? Porque ele estrutura as relações, a partir de uma determinação que é soberana. A *folie à deux* entre mãe e filha, por exemplo, mostra a captura do sujeito pelo Outro. As filhas, três irmãs, são capturadas num laço soberano, mesmo aquela que foi para o convento. Ele é soberano por motivos diferentes dos apresentados na Psiquiatria clássica. Não se trata de força, como se quis sustentar, mas sim de uma estrutura que se dá como continuidade, ou seja, uma estrutura em cuja montagem participa um erro. Esse erro faz com que o nó se desmonte e faça um círculo. As três irmãs Papin e a mãe habitam um círculo, o círculo que o desejo da mãe forma, ao manter a boca de jacaré com as filhas dentro de si.

Pode-se reconhecer que, apresentada dessa forma, a *folie à deux* se faz contar como psicose paranoica, na medida em que nessa psicose não há separação entre o sujeito e o Outro. O sujeito se encontra fixado no desejo do Outro, tendo como consequência disso não cair como objeto. A estruturação de seu fantasma se encontra impedida de se constituir de forma dialetizável com o Outro. Por isso mesmo, a voz do Outro é reproduzida, com poucas variações, no discurso daquele que fala junto a ele. Tais efeitos podem ser recolhidos de forma extremada na telepatia, por exemplo.

Uma segunda condição de enlaçamento com o que veio pela Psiquiatria como *folie à deux*, relida como psicose paranoica desde a Psicanálise, com os quatro elementos de Lacan, é o de poder se perguntar sobre o fundamento do que faz cola. Para a Psiquiatria clássica é uma resposta banal, o que faz cola é a loucura. Em nosso caso, penso que possamos responder que o que faz cola é o imaginário. Esse imaginário não é o mesmo do estádio do espelho, onde ele opera como enlaçamento do sujeito com sua própria imagem corporal ligada a seu eu.

O imaginário que faz cola é presente na psicose paranoica como realização da foraclusão do simbólico em sua efetividade de divisão. A cola é formada pela condição do olhar ser sonorizado diretamente pela voz. Significa que o desejo que é dirigido ao Outro, pelo olhar, se torna consistente, não divisível, devido ao desejo do Outro que fixa o sujeito numa significação de seu mundo. É como se, diante do quadro *Os embaixadores*, de Holbein, o sujeito ficasse congelado diante da visão da caveira, símbolo da anamorfose, com a voz exigindo dele um não descolamento da morte.

A existência da cola, pela voz, faz com que os significantes se encontrem ligados aos da mãe, no caso das irmãs Papin. Uma das definições de voz é aquela que a situa como responsável pela ligação entre os significantes. Quando o circuito é sem divisão, o sujeito vai falar a língua do Outro. Foi o que pude recolher numa entrevista com um casal mãe e filha, num serviço público de saúde mental, em São Paulo, no Brasil. Havia sido chamado para entrevistar uma filha que tinha tentado cometer suicídio três vezes, saindo com limitações físicas para se deslocar depois da primeira tentativa, ao se jogar da janela do apartamento em que morava com a mãe.

Convidando a filha para entrar, a mãe veio junto. Perguntei à filha o que estava acontecendo, no que a mãe interveio dizendo que eu podia perguntar a ela, mãe, porque era ela que respondia pela filha. Mesmo com uma outra insistência de minha parte para que a filha respondesse, a mãe continuou a falar sobre o motivo da consulta sem que a filha insistisse em dizer uma palavra.

É certo que não é pelo fato de que uma mãe e uma filha subam e sentem juntas na mesma cadeira, assim como por uma mãe responder no lugar da filha, silenciando-a, que se pode autorizar a fazer o diagnóstico de psicose paranoica com um delírio a dois. Isso porque existem também efeitos de anulação de um dos componentes do par na chamada loucura materna. Nesse caso, que não é o de uma psicose, mas sim de loucura, ele é formado pela estagnação da fantasia sexual da mãe, a qual porta uma suposição de que somente ela, mãe, entende do que o filho precisa para viver. Não chega a existir uma impossibilidade de separação, já que o filho expressa, mesmo com dificuldade e insegurança, aquilo que importa para sua vida.

O fato de não ser pela fenomenologia que façamos diagnósticos não nos impede de indicar os pontos da experiência nos quais a estrutura atualiza sua mostração. Esse ponto de não separação se revelou evidente na experiência da filha que tentou o suicídio mais de uma vez. Depois que a filha se jogou pela janela do apartamento da mãe e foi levada para o hospital, a mãe passou a colocar três colchões embaixo da janela. Elas moravam no terceiro andar de um prédio baixo, assim, quando a filha tentasse se suicidar de novo, o que de fato aconteceu, ela não teria o trabalho de levá-la ao hospital. Uma caixa sortida de primeiros socorros estava à disposição para essas ocasiões. Nesse caso, não há possibilidade de morrer, ao menos era essa a suposição inquebrantável que as ligava.

A mãe do primeiro casal que mencionei, subindo e se sentando junto à filha, havia advertido a filha desde muito tempo que, no dia em que ela, filha, ficasse curada, normal, então ela, mãe, teria direito a se experimentar como mulher outra vez, namorando, por exemplo. Não por acaso a filha se cortava recorrentemente de forma bastante grave, causando o desespero na mãe de perdê-la, o que gerou uma vigilância dentro de casa para o uso do banheiro, sempre de porta aberta, assim como da cama compartilhada para dormir.[6]

Disse antes que a paranoia se caracteriza por uma condição que é de pura continuidade, no sentido em que essa continuidade impede, a partir do erro, do lapso em sua montagem, o efeito de distinção entre os elementos que a constituem. É, portanto, como indistinção que a paranoia se apresenta no delírio a dois. Contudo, o que a experiência nos adverte é que lá no meio do deserto da indistinção, não se sabe como, surge o indício do nascimento de uma flor.

Isso não significa que essa flor seja o outro nome da liberdade, como sinônima de separação. Mas é certo que, se esses casais delirantes vêm procurar um analista, é sinal de que alguma coisa nesse laço é suscetível de ser abalada. Tal como o lugar ocupado por Émile junto a suas irmãs e mãe, o analista vai ser uma referência terceira, sem ser simbólica. É nesse ponto que se acentua o desejo do psicanalista, como causa de sua ética. Isso porque não se trata de promover ou insistir na separação como sinônimo de uma meta a ser cumprida. O efeito de separação age, na medida em que as duas incluíram um outro entre elas. Não são mais somente duas que se desarranjaram como Uma. São escutadas, cada uma em momentos diferentes, juntas e separadas, pelo psicanalista. É o que cria a possibilidade de surgir um conserto do nó, uma reparação dele, como sinônimo do que Lacan nomeou como *sinthome*. Isso não é garantido de acontecer, mas é certo que, até então, sem a

[6] (Nota incluída em maio de 2025. Por sugestão de Petry, incluo parte do que apresentei no primeiro encontro Laboratório de topologia psicanalítica, política e paranoia). Ao me referir a esse caso incluí que, se a mãe e a filha tinham entrado e subido as escadas do consultório abraçadas, ao sair, não estavam mais abraçadas. E o outro ponto se refere à transferência da mãe, comigo, enquanto psicanalista da filha dela. Era tanto de ódio, quanto de um respeito questionador, no sentido de que não dava para concluir que ela aceitava o que era dito).

presença do psicanalista, a possibilidade de surgir uma reparação é drasticamente reduzida.

Se o que segue até aqui é sustentável, isso significa que podemos continuar acompanhando Freud, quando ele afirma que, para haver grupo é preciso apenas a existência de dois. O que se passa no dois do laço social? É certo que não é um delírio psicótico, tal como na *folie à deux*. Mas é entre esses dois, pela potência que vemos se formar neles, que podemos sentir a voracidade da paixão ao Um. Essa paixão voraz se presentifica de forma extremada em nossa época. Ela é a posta em ato do sem fronteira, como sinônima da invasão que as guerras realizam em nosso momento histórico. Existem reparações possíveis de serem articuladas de forma a poder criar novas condições de enlaçamento com menos endogamia e ódio?

Para insistir na tentativa de responder a isso, é preciso incluir o terceiro, tal como vem pelas irmãs Papin, e o quarto, como o nome da política que vem pelo inconsciente.

FRONTEIRAS CLÍNICAS E POLÍTICAS DO CORPO NA PSICOSE PARANOICA

O primeiro ponto que eu quero compartilhar está baseado no princípio de poder afirmar que a existência de fronteiras é uma experiência que se vive primeiramente pelo corpo. Qual corpo? Ele é aquele que permite ao sujeito, como efeito de uma identificação imaginária, se distinguir de um outro corpo, pelo qual passa a se contar, desde sua imagem. Esse corpo imaginário se constrói devido a uma ligação possível entre a noção de si mesmo, como eu, e a concepção de corpo próprio. Enquanto tal, sua primeira fronteira se constitui como efeito da distância que introduz na relação com seu próximo, estranho. Tais fronteiras se revelam capazes de promover distâncias, tanto quanto aproximações, tornando possível um laço de convivência, mediado por leis e discursos.

Na maior parte das vezes em que os corpos, assim como seus eus, convivem, as leis não garantem barreiras aos discursos que invadem, fazendo de cada um objeto de manipulação da fé, do mercado e da política. Por isso mesmo, não se pode supor que tais efeitos serão vividos de forma semelhante pela maioria, mas é um fato, também, que os espaços de convivência serão cada vez mais marcados pela segregação. Isso porque, quanto mais o sentido se afirmar como religioso, tal como previsto por Lacan, mais avança a necessidade de se distinguir tensionadamente pela moral. Seja a moral do mercado, seja a moral da religião política.

A noção de fronteira inclui o corpo imaginário, simbólico e real. Isso porque, se lembrarmos de uma das montagens clássicas do nó borromeano, vamos perceber que o corpo se liga ao simbólico, ao imaginário e ao real. Ele estabelece, por meio dessas fronteiras, por exemplo, quando o real as invade, o afeto da angústia. Quando o corpo mantém fronteira, ou seja, relação de inclusão com o simbólico, ele pode participar, ao mesmo tempo, do sintoma, como efeito do inconsciente, assim como pode ser causado pelo desejo. Quando o corpo faz fronteira com o real, ele inclui a vida e a presença da ciência, tal como indicados na montagem do nó borromeano na conferência *A terceira* (1974).

Pelo que vem sendo exposto, o conceito de fronteira se conta primeiramente pelo corpo, causando diferentes efeitos sobre ele, desde a ligação entre real, simbólico e imaginário. Em seguida, vale a pena incluir no conceito de fronteira sua diferença com a Geografia política e a Cartografia. Na primeira, iremos identificar o princípio de soberania que é aplicado aos territórios. Quanto à Cartografia, além de permitir fazer o traçado de territórios e suas fronteiras, também introduz, a partir de cálculos de distância, o seu tamanho.

Em nosso caso da experiência psicanalítica, a noção de espaço, desde os efeitos, mesmo que compartilhe de cálculos, se encontra referida à possibilidade de deformação dele, espaço. É o que nos mostram as crises fóbicas, as alucinações e vertigens. Não há fixidez definitiva do espaço, porque não há garantia de efetividade do simbólico organizando-o o tempo todo.

Consideremos que a existência das fronteiras se mostra nos diferentes pontos interseção do nó borromeano, portanto, são 06 pontos de fronteira. Isso significa que essa estrutura é não toda, porque só podemos contá-la pelos efeitos da inclusão do Outro, enquanto sinônima de outras presenças. Pelo nó borromeano, podemos perceber que as fronteiras, quando articuladas pelos efeitos que a presença de uma produz na outra, são o outro nome da diferença que mantêm entre si.

Há um problema, hoje, relativo ao que se sustentou até agora como conceito de fronteira. O que sustentava esse conceito não era somente poder indicar o território no mapa, mas além, acompanhamos a queda de reconhecimento jurídico, local e internacional, a partir das guerras de invasão de fronteiras. Em que sentido tais questões podem permitir o avanço de nosso campo de experiência? A partir do momento em que reconheçamos que existem efeitos subjetivos e de destruição dos corpos, gerados pelas guerras de invasão, poderemos admitir que a invasão dos corpos passou a ser consentida — seja pela destruição deles, assim como pela negação dos traumas de guerra, aliados à condição de desterro.

Isso nos interessa porque, quando há exibição e consentimento, na invasão dos corpos, pelas guerras, há, ao mesmo tempo, o consentimento à violência sobre os corpos como forma de reagir a conflitos. Tal como nas guerras de invasão, basta um lado achar que tem a razão, e sua razão contará como única.

Quando iniciei as elaborações sobre as fronteiras, apresentei-as sob o título de sem fronteiras, desde o ódio na psicose paranoica. Isso porque o momento da passagem ao ato criminoso, tal como no caso das irmãs Papin, é sem fronteiras em relação ao corpo das supliciadas. Elas os cortam e dilaceram. Nesse sentido, como bem destacou Charles Melman, "a fronteira é causa da paranoia" (2008, p. 131), na medida em que aquilo que vem do outro mesmo lado ameaça a vida do sujeito. E o detalhe que chama a atenção nisso é o fato de que o psicótico paranoico é refratário, e muitas vezes, hostil à vizinhança. Ele acusa e provoca sem maiores fundamentos, ao mesmo tempo em que se podem recolher reações paranoicas de violência como respostas a situações de incômodo extremo. Na paranoia não há o Outro lado. O sujeito olha e ouve o Outro, segundo uma voz que o assujeita. Entre ele e o Outro não há descontinuidade, mas sim, continuidade. Por isso mesmo, o nó da paranoia é formado por linhas contínuas, e não por círculos que se dividem quando ligados. As linhas que são contínuas no nó da paranoia se conectam entre si, por exemplo, o real continuando no imaginário e este no simbólico. Ainda assim, esse nó é cortável.

Vale a pena retornar às irmãs Papin e reconhecer que o crime as separa e corta uma ligação que havia antes. Não somente o terão incorporado em seus atos mas, por causa disso mesmo, serão separadas na prisão, assim como com a irmã que vivia no convento, tanto quanto com a mãe. O laço mantido pela mãe junto a suas três filhas se modificou. Uma delas, envolvida no crime, volta para a casa da mãe depois da prisão, uma permanece no convento, e a outra morrerá internada. É certo que podemos recolher o mesmo laço consistente com a mãe; no entanto, ele poderá se fazer menos sacrificial, em função do corte — corte, esse, causa de uma nova fronteira, onde os significantes do Outro serão religados num outro delírio, ou numa supressão dele. Isso não impede o sujeito de continuar sendo psicótico.

Quando incluo o sem fronteiras desde a psicose paranoica, pela *folie à deux*, meu objetivo é o de mostrar que avançamos velozmente com ela em nosso tempo, por meio da destruição do Outro. Essa destruição se faz notar pela crise ambiental pela qual passamos, assim como pela aceitação das guerras, e a impotência para lidar com elas. Ao que parece, podemos transformar a afirmação de Clausewitz (1996), "a guerra é a continuação da política", para, "a política é a guerra sem fim".

A partir de então, como situar a afirmação de Lacan no Seminário do fantasma, "o inconsciente é a política"? (lição do dia 10/05/1967). Consideremos que, pela tradição freudiana se trata do contrário, ou seja, a política é o inconsciente (Stiglitz, 1922). Isso se dá a ver principalmente no texto de Freud sobre a Psicologia das massas e análise do eu. Lá ele nos mostra como a política é a posta em cena do inconsciente, pela identificação. Em se tratando de Lacan, o inconsciente é a política, porque é a partir dos significantes inconscientes que irão se montar as posições de gozo do sujeito na política, como sinônimas de laço social, tal como os discursos. Assim, para haver a presença do inconsciente causando guerra sem fim, ele deverá ser instrumentalizado por significantes que sustentam a importância decisiva das invasões, sem qualquer reconhecimento das fronteiras. É isso o que se apresenta em vários discursos a nossa volta.

Uma vez que é suposto de existir corte no nó de trevo da paranoia, isso significa que a presença do psicanalista pode promover corte com o sujeito psicótico. A inclusão no laço com tal sujeito suscita, pela transferência, a possibilidade para o advento de um significante que corta e desordena a amarração anterior. Há, portanto, possibilidade de outras montagens menos consistentes surgirem, na medida em que esse elemento que cortou abra para uma nova condição de manter junto a sustentação da existência. Nesse lugar, o psicanalista trabalha com o sujeito, a possibilidade de reparação de uma falha, reparando o laço. Reparação, e não solução definitiva

Acompanhando o que segue apresentado, o corpo do sujeito na psicose paranoica vê no espelho a imagem do Outro, e não a de si mesmo, uma vez que o absoluto da presença do Outro apaga a imagem com sua voz e significantes. Isso significa que o sujeito se vê pelo olhar do Outro, por sua imagem dominante que não somente o anula, mas que realiza essa anulação pela construção de uma imagem para o sujeito, também absoluta, fazendo com que compareça no espelho como *A mulher de Deus.*

Há invasão da imagem tanto do corpo próprio, quanto das fronteiras que separam os territórios, pelas guerras. Isso nos leva a considerar que há uma incitação à invasão das fronteiras, em um e outro caso. Se, pela invasão das fronteiras do corpo na psicose paranoica podemos apreender a tentativa de fazer Um ligado ao Outro, na invasão dos territórios pelas guerras iremos recolher os corpos que serão dizimados. Tal como uma turba de lobos e rinocerontes que avançam destruindo o que há pela frente, as invasões políticas promovem a animalização de seus agentes. Eles não se encontram somente nos territórios em litígio, mas além disso, expandem-se movidos por uma política que promete o gozo sem interdito. Pode-se falar em necropolítica, é certo que sim, mas é também verdadeiro que podemos reconhecer não mais somente uma biopolítica de controle dos corpos. Trata-se, como havia advertido Jacques Derrida, de uma zooantropolítica, em *A besta e o soberano* (2024, p.106), ou seja, de uma política causada pela foraclusão do inconsciente, enquanto estruturado por linguagem. Isso nos leva a constatar que, mais do que assinalar traços de animalidade nos humanos, trata-se agora de encarnar a presença dos animais em seus papéis sociais, adotando vestimentas e hábitos dos cachorros e cobras, como se vê acontecer, assim como de valorização da vida dos animais idealizando-a como mais pura.

Destacar o valor da análise das fronteiras clínicas e políticas do corpo na psicose paranoica permite, ainda, por um lado, articular a psicanálise em intensão com a extensão, pelo nó borromeano. Por outro, interroga cada um de nós sobre a cativação que a paranoia nos produz, impedindo de analisar suas consequências para a abordagem e tratamento dos problemas relativos aos corpos e fronteiras, na clínica de nosso tempo.

REFERÊNCIAS

Clausewitz, Carl von. *Da Guerra*. (Maria T. Ramos, trad.). 2. ed. São Paulo: Martins Fontes e Brasília: Ed.UNB, 1996, p.27.

Derrida, J. A Besta e o Soberano. vol.1. *Seminário* (2012-2002). (F. Bernardo, trad.). Coimbra: Palimage, 2024.

Lacan, J. A terceira (1974). *Opção Lacaniana* Nº62, p. 11-. 36, São Paulo, 2011. (Teresinha N. M. do Prado, trad.)

_________. (1966-67) O seminário, livro 14: A lógica do fantasma. Lição do dia 10/05/1967, Teresinha N. M. do Prado (trad.). *Centro de Estudos Freudianos de Recife*, 2008.

Melman, C. *Como alguém se torna paranoico: de Schreber a nossos dias*. Porto Alegre: CMC, 2008.

Stiglitz, G. Psicanálise e política: uma amizade estrutural. Almanaque 29, 19 jul., 1922.

O PIOR DA CIÊNCIA: UM MÁRTIR DO NOME

Vou retomar, hoje, um conjunto de elaborações sobre o terrorista chamado Unabomber. Parto do princípio de que o terrorismo se situa conectado ao lugar conferido à guerra. Significa afirmar, por exemplo, que o terrorismo é "a configuração moderna da guerra deliberadamente travada contra civis, com o propósito de lhes demolir a disposição de apoiar líderes ou políticas que os agentes dessa violência consideram inaceitáveis" (Carr, 2002, p.16).

A condição para incluir o terrorismo na configuração moderna da guerra implica realizar a revisão de uma de suas definições clássicas, realizadas por Clausewitz (1780-1831/1996).

A guerra é uma continuação da política por outros meios.

Ainda que haja ligação entre guerra e política, é preciso insistir sobre a necessidade de desalojar essa relação de continuidade, porque a guerra é a parteira de todos os progressos de nossa organização social. Isso implica, segundo Braunstein (2001), admitir que:

> A guerra é uma forma de vínculo social e, portanto, é um fato de discurso. É uma forma suprema de participação na empresa da cultura, pois confronta como nenhuma outra experiência com o limite da morte[7] (p.37)

[7] "*La guerra es una forma de vínculo social y, por lo tanto, es un hecho de discurso. La guerra es una forma del vínculo social y, por lo tanto, es u n hecho de discurso. Es la forma a suprema de participación en la empresa de la cultura pues confronta como ninguna otra experiencia con el límite de la muerte*".

Ao acompanharmos o percurso do Unabomber, poderemos verificar que em sua guerra declarada ao Outro, o discurso da ciência comparece como o alvo e a causa de seus atos. Isso nos permite interrogar se não é no ápice da devastação que a ciência e a paranoia participam de um gozo que lhes é comum. Com o objetivo de situar essa e outras questões, vou privilegiar a dimensão particular, desde onde poderemos insistir na via de uma Outra leitura.

Theodore John Kaczynski, nome próprio do Unabomber, encontrava-se preso sob segurança máxima na cidade de Florence, no estado do Colorado, EUA[8], quando este artigo foi escrito. Nascera em Chicago, Illinois, em 22 de abril de 1942. Tornou-se conhecido como o terrorista mais procurado da história americana. Desde 25 de maio de 1978 até 3 de abril de 1996, quando foi preso, enviou periodicamente cartas-bomba para universidades e centros de pesquisa em tecnologia, tendo matado três pessoas e ferido 23. Além disso, uma de suas bombas explodiu dentro de um Boeing 727 da American Airlines, em novembro de 1979, outra foi enviada ao então presidente da United Airlines em junho de 1980, e outra a uma fábrica da Boeing Company, em junho de 1985. Daí o nome que recebeu pelo FBI: UN, de Universidade; A, de aviões, e BOMBER, de bombardeador.

Em termos da história pessoal, alguns momentos merecem atenção. Detenho-me principalmente nos dados que o próprio Kaczynski destacou como significativos para sua vida. Essas informações foram obtidas de diferentes fontes. A mais extensa delas é a

[8] Preso em 1996, faleceu em sua cela aos 81 anos de idade, em 10 de junho de 2023, O relatório da autópsia aponta a causa da morte como enforcamento: Kaczynski teria amarrado um cadarço de sapato a uma grade para deficientes em seu quarto no Centro Médico Federal em Butner, Carolina do Norte. Fora diagnosticado com estágio avançado de câncer retal, iniciou tratamento mas pediu para interromper. Constatou-se depressão, em março de 2021, um mês antes de cometer suicídio.

avaliação forense, realizada por meio de um conjunto de entrevistas pela Dra. Sally Johnson[9]. Ela foi a responsável pelo laudo psiquiátrico solicitado pelo Juiz Garland Burrel, o qual determinou o estudo e o exame de Theodore John Kaczynski, de forma a decidir se o acusado possuía competência mental para se defender no Tribunal. Isto porque Theodore John Kaczynski havia solicitado à Corte de Montana poder realizar, ele mesmo, sua própria defesa.

Segundo o depoimento da mãe de Kaczynski[10], ela chegou a considerá-lo como autista até os três anos de idade. Ele manifestava medo de prédios e de pessoas. Chegou a integrar, por um curto período de tempo, um programa do psicanalista Bruno Bettelheim para crianças autistas, tendo sido considerada desnecessária a sua permanência, após uma avaliação mais criteriosa. Foi educado segundo as orientações prescritas no livro do Dr. John Spock, que se notabilizou nesse período, com um método educacional aplicado em vários países. Praticamente não existem maiores informações sobre o pai de Kaczynski. Seu falecimento se deu no dia 2 de fevereiro de 1990, em função de suicídio. Sofria de dores intensas devido a um câncer na medula espinhal. Kaczynski tinha um irmão sete anos mais novo, David.

Devido à sua dedicação aos estudos, aliada à capacidade intelectual, Kaczynski passou diretamente da quinta para a sétima série, e da nona para a décima primeira. Mais tarde, ele irá se referir a esse período como marcado por um acentuado isolamento, em virtude de ser o mais novo das turmas. Entrou na Universidade de Harvard, com 16 anos, no curso de Matemática. No último ano da Faculdade participou de um experimento do psicólogo Henry Murray, que tinha como objetivo testar estudantes em situações de estresse. Tais

[9] Laudo psiquiátrico de T.J.K. pela Dra. Sally Johnson:
[10] Laudo psiquiátrico de T.J.K. pela Dra. Sally Johnson:

testes, proibidos posteriormente devido ao abuso de violência e fadiga aplicados aos candidatos[11], assumiram um papel decisivo em sua vida. Reencontra-se aqui com o lugar anteriormente ocupado no desejo da mãe: antes objeto de um livro, agora objeto de um teste.

Confirma-se o agenciamento por um Outro desprovido do pacto que regula a palavra entre os homens. Passagem que evoca o Outro da ciência, na medida em que a foraclusão do sujeito se escreve como condição da eficácia que se pretende conquistar. Insisto na relevância desta passagem, lembrada em diferentes momentos por Kaczynski, uma vez que o princípio da revolução pregada por ele é a eliminação, de uma única vez, em escala mundial, da ciência e da tecnologia.

Theodore John Kaczynski cursou pós-graduação, mestrado e doutorado em Matemática, na Universidade de Michigan. Especializou-se em Topologia e Teoria dos Conjuntos. Trabalhou, convidado como professor-assistente, no Departamento de Matemática na Universidade da Califórnia, em Berkeley, de setembro de 1967 até junho de 1969. No último ano do doutorado ele descreve um pesadelo, segundo ele, "do tipo revelador":

> Via seu professor de trombone em pé em seu quarto parecendo um senhor nobre idoso. Aí ele viu', urna neblina e ouviu anjos, e quando a neblina durou, o professor havia se transformado num destroço velho, senil e torto.[12]

[11] Chase, Alston. "Harvard and the making of the Unabomber". The Atlantic Monthly n. 285, June 2000, pp. 41-65 . Artigo transformado por Chase no livro: *Harvard and the Unabomber: the education of an American terrorist*. New York (NY), W.W. Norton & Company, 2003.

[12] Laudo psiquiátrico de T.J.K. pela dra. Sally Johnson.

No verão desse mesmo ano ocorre um episódio decisivo. Ele descreve um período de várias semanas em que estava sexualmente excitado quase que o tempo todo, e fantasiava que era uma mulher incapaz de obter qualquer alívio sexual. Decidiu fazer um esforço para conseguir urna cirurgia de mudança de sexo. Quando retornou à Universidade de Michigan, marcou urna hora para ser examinado por um psiquiatra, de maneira a determinar se a mudança de sexo seria boa para ele. Alegava que, com um certo desempenho teatral, conseguiria trapacear o psiquiatra e fazê-lo pensar que ele era adequado para um papel feminino, ainda que por motivos exclusivamente eróticos. Enquanto estava sentado na sala de espera do médico, mudou radicalmente de ideia quanto à cirurgia, e assim, quando viu o médico, disse apenas que estava deprimido com a possibilidade de ter que se alistar no Exército. E ele continua:

> Enquanto eu caminhava para longe do prédio, senti-me enojado em relação àquilo que meus desejos sexuais incontrolados quase me levaram a fazer. Senti-me humilhado e odiei violentamente o psiquiatra. Precisamente nesse ponto, aconteceu um momento decisivo de minha vida: como uma fênix, explodi das cinzas de meu desespero para uma gloriosa esperança nova. Pensei que queria matar o psiquiatra, porque o futuro parecia totalmente vazio para mim. Senti que não me importava em morrer. Portanto, disse a mim mesmo: por que não matar o psiquiatra e qualquer pessoa que eu detestasse? O que imporia não são as palavras que passaram pela minha cabeça, mas a maneira como me senti por causa delas. O que em inteiramente novo era o fato de que eu senti que poderia matar alguém. Minha própria falsa de esperança tinha me libertado, e eu não me preocupava mais coma morte.[13]

[13] Laudo psiquiátrico de T.J.K. pela dra. Sally Johnson.

Vou destacar como relevante neste momento, a emergência de uma operação inédita. Ao mesmo tempo em que desaparece a presença do desejo de se transformar em mulher, surge o desejo de matar. Não há qualquer evocação, traço ou interrogação sobre o desejo de se transexualizar. O que surge agora, é o desaparecimento da preocupação com a morte. Não se pode falar, nesses termos, de uma substituição simbólica. Trata-se aqui da realização de uma condição segundo a qual o sujeito responde pelo desejo de matar, perante a impossibilidade de sustentar o que primeiramente compareceu como signo de seu desejo. Trata-se, portanto, da instalação da morte do Outro, sua retirada de cena, para o sujeito. Essa condição se efetiva pela morte do desejo, introduzindo, desde então, morte no lugar de desejo. Por essa razão é preciso estar atento para uma questão que comparece realizada, já que em seu caso, não se trama de considerar o ódio tão somente como um afeto, mas sim como algo que engendra um ato. Ou seja, o ódio se realiza pelo ato de matar. Há, desde então, necessidade de implicar a passagem ao ato como estando associada ao ódio.

O que a economia do desejo nos mostra, tal como passa a vigorar para Kaczynski, é uma impossibilidade da ação do significaste em seu caráter simbólico, ou seja, de produzir significações diferenciadas.

A primeira vez que abordei o caso do Unabomber, realizei a apresentação sob o título "Uma escrita explosiva."[14]Dois elementos se destacavam como significativos para essa escolha. O primeiro se refere 'as cartas, coma cartas-bomba. Nesses termos, interessava-me depurar o estatuto da escrita nas cartas que explodem. O segundo fases se articula diretamente com tudo o que diz respeito a T.J.

[14] Dias, Mauro. Mendes. 'Uma escrita explosiva", apresentação sobre o Unabomber, realizada nos encontros preparatórios para a Jornada "Letra e Escrita na clínica psicanalítica, na Escola de Psicanálise de Campinas, 2002

Kaczynski. Nele, tudo passa pela escrita. Por exemplo, ele nunca deu um telefonema de ameaça. Na mata situada próxima à cabana onde morava em Lincoln, estado de Montana, foram encontradas mais de 22.000 folhas escritas à mão.

Vou começar alertando para o fato de que a condição que a carta- bomba introduz é bastante paradoxal. Em primeiro lugar, a mensagem dirigida ao Outro não se sustenta pelo que segue escrito. Tanto é assim, que só se tem acesso ao texto escrito, caso a carta não venha a explodir. Isso não retira em nada o valor de mensagem presente na carta, desde que se considere que o valor de uma carta não se localiza no conteúdo da mensagem escrita, mas, sim, como ensinou Lacan, que a carta, como letra, escreve uma nova posição para os sujeitos em cena. Nesses termos, qual a mensagem que o Unabomber faz constar pelas cartas-bomba? Trata-se da escrita de um buraco no Outro, sua explosão, condição a partir da qual o sujeito pode ter um lugar junto a ele, esburacando-o. Uma mensagem explosiva, dirigida a um Outro, desde cedo constituído pela explosão do lugar do sujeito.

A escrita das cartas-bomba vai nos remeter, mais adiante. à forma pela qual se nodula, para esse sujeita, a relação do simbólico com o real, do significante com a letra. Onde poderemos apreender isso para um sujeito? A referência ao ensinamento de Jacques Lacas será de fundamental importância, de forma a permitir indicar que a articulação do significasse com a letra, a partir da identificação ao traço unário na constituição do sujeito humano, introduz uma consideração diferenciada na psicose. Tal diferenciação, pelo mecanismo da foraclusão, é o que nos leva a ter de admitir, numa releitura da *Carta 52* de Freud, que no caso da psicose há uma impossibilidade de passar do estado de percebido para a de representado. Nos termos da *Carta 52*, segundo a leitura de Solal Rabinovitch (2001):

> os traços mnêmicos do percebido pré-histórico permanecem em estado de percebido real, não passado ao estado de representado; eles residem indefinidamente no sistema percepção-consciência, em que tudo se experimenta, com a condição de não se inscrever[15].

Segundo o que foi indicado, podemos situar o motivo pelo qual o desejo de se transexualizar não possui outro destino que não seja o de permanecer indefinidamente sob a impossibilidade de ser representado, ou seja, não passível de ser elaborado. Em relação às cartas-bomba, a escrita explosiva é a forma pela qual esse sujeito se faz constar ao Outro, segundo uma modalidade que lhe escapa, enquanto passível de ser representado. A carta-bomba é o que o religa ao Outro. Por meio dela, ele se faz presente, ocupa um lugar, recebe uns nome, é procurado, enfim, reconhecido.

Depois de passados muitos anos, de algumas mortes e buscas infrutíferas por parte do FBI, o próprio Unabomber propôs uma trégua. Sua proposta consistiu em interromper o envio de cartas-bomba, caso publicassem, na íntegra, o seu *Manifesto*. Em 19 de setembro de 1995, os jornais *Washington Post* e *New York Times* publicaram, numa edição especial, a versão integral do *Manifesto*, que é o texto em que o Unabomber realiza a análise da sociedade atual, ao lado de propor, como solução, a derrubada da ciência e da tecnologia.

Vale notar que, passados menos de sete meses após a publicação do *Manifesto*, o Unabomber foi preso. Seu irmão, David, após a

[15] Rabinovitch, Solal. *A foraclusão: presos do lado de fora*. (Lucy Magalhães, trad.). Rio de Janeiro: Jorge Zahar, 2001, p.23.

leitura nos jornais, e alertado pela suspeita de sua mulher, reencontrou no texto duas expressões que T.J. Kaczynski utilizava com frequência em suas correspondências. Uma delas era *cool-headed logicians* (lógicos de cabeça fria), sempre utilizada por ele quando se referia à ciência. Na outra, tratava-se da inversão de uma frase das peças de Shakespeare, modificada com frequência por sua mãe. David as comunicou ao F.B.I. e fez um acordo para entregar o irmão, desde que fosse suspensa a pena de morte. T.J. Kaczynski negou a autoria do *Manifesto*, o que levou a acusação a ter de provar que ele era culpado.

Do lado da acusação, foi contratado o professor Don Foster[16], autor do livro: *Author unknown* (Autor desconhecido), que havia se tornado conhecido por suas pesquisas em Shakespeare, tendo conseguido demonstrar que alguns textos anônimos eram na verdade da autoria do dramaturgo inglês. Do lado da defesa, foi contratada a linguista Dra. Robin Lakoff, da Universidade de Berkeley.

A Dra. Robin Lakoff procurou mostrar que as palavras repetidas, ainda que vez ou outra fossem encontradas nos escritos de T. J. K. , devido à frequência com que se repetiam, não poderiam ser declaradas como sendo da autoria de Kaczynski. Ou seja, a baixa frequência não permitia inscrever uma marca de particularidade. Por tanto, a orientação da Dra. Robin Lakoff era decididamente simbólica, na medida em que ela procurava sustentar que determinadas palavras, mediante sua incidência, podiam qualificar a presença de sujeito da enunciação.

O professor Don Foster tomou um caminho inteiramente diferente. Para situar seu método, que nos permitirá esclarecer quanto ao sentido que se deve aplicar ao retorno na foraclusão, tenho

[16] Foster, Donald W. *Author unknown: On the trail of anonymous*. Nova York, Henry Holt & Co., 2000.

recordado que o Unabomber, que pregava e praticava uma vida inteiramente ligada à Natureza, era profundamente interessado na história do navio transatlântico *Titanic*.

A primeira vítima do Unabomber foi um professor do Instituto Politécnico de Engenharia de Nova York, chamado Edward John Smith. A primeira carta-bomba foi enviada em maio de 1978. Ocorre que, em 1912, 66 anos antes, um imprudente Edward John Smith, capitão do *Titanic*, conduziu aquela exibição da moderna tecnologia contra um *iceberg*. O Unabomber selou essa primeira carta, enviada ao professor Edward John Smith, com os selos de Eugene O'Neil que, por sua vez, havia escrito uma peça célebre intitulada: *The iceman* [O homem de gelo]. Para o professor Don Foster, a mensagem da carta era possível de ser decifrada. Segundo ele: "aqueles selos eram uma típica piada sinistra, uma alusão literária, um aviso a todos os Edward John Smith: Cuidado, o homem do gelo vem aí, para derrubá-los, afundar sua sociedade tecnológica"[17].

O que é notável na elaboração do professor Don Foster, é o fato de que ele vai permitir situar que o elemento a ser notado como capaz de identificar o Unabomber prescinde do encadeamento simbólico. Nesses termos, o que passa a interessar é o que retorna, desde Outro lugar, e que num primeiro momento não pode ser integrado pelo sujeito. E o que não pode ser assimilado pelo Unabomber, o que retorna desde fora para ele? Encontramo-nos aqui com esse desenlaçamento que o nome próprio possui em seu caso. Ou seja, com esse nome que não cumpre o seu destino, no caso, Edward John Smith. O destino que não é cumprido é aquele mesmo de sustentar uma ligação entre dois pontos, entre dois significantes. O que Edward John Smith faz retornar, é a falta de comando, pelo significante.

[17] Foster, D.W, *Author unknown*. Op. cit., p.98.

Por que o Unabomber envia uma carta-bomba? Resta a pergunta.

Não podemos nos esquecer de que essa foi a primeira carta. Ela inaugura a série das cartas-bomba. E ele a envia, pois é desde esse nome, Edward John Smith, que ele reencontra, no Outro, sua própria ausência de sustentação. Portanto, enviar a carta-bomba para Edward John Smith implica uma tentativa de fazer suplência à falta de sustentação, através da identificação ao *Iceberg*. O que o Unabomber tenta fazer explodir com essa carta, é a sua própria condição, identificando-se, a partir de agora, ao *iceberg*. Ele envia essa carta para fazer da potência do *iceberg* uma forma de ligação ao nome de Edward John Smith. Trata-se de explodir o nome que não cumpre o seu destino, para ligá-lo agora, pela explosão, ao *iceberg*. Ou seja, uma operação em que ele procura fazer o comando pelo *iceberg*, explodindo a precedência pelo nome próprio. O fracasso dessa tentativa se faz notar peio fato de que, nesses termos, sem se dar conta, ele desaparece sob o *Iceberg*. Passa a ser tomado novamente por esse Outro completo, que não deixa lugar para o sujeito, agora nomeado como *iceberg*. Em nome de conquistar um lugar, ele reafirma sua exclusão. Não deve ser à toa, portanto, que no único conto publicado de sua autoria, numa revista de anarquistas na internet, sob o título de *O navio dos loucos,*[18] uma tripulação inteira vá se chocar contra um *Iceberg*, vendo se desfazer, assim, qualquer possibilidade de que suas solicitações ao Comandante do navio encontrassem lugar.

O que me levou a intitular esta articulação sobre o Unabomber de *O mártir do nome* se deve, em primeiro lugar, ao fato de que T.J. Kaczynski faz questão de não ser identificado ao Unabomber. Aliás, na primeira carta que ele enviou para a pesquisadora Lucy Petroucic, respondendo à minha solicitação de uma entrevista, por

[18] *Ship of fools*, Ted Kaczynski, escrito por Kaczinski na prisão, a pedido do editor da *Off! Magazine*, 1999.

carta, desde a prisão, ele faz questão de lembrá-la de que ela se dirige a ele marcada por um equívoco, qual seja, o de supor que ele seria o Unabomber. Isso ainda que, nessa mesma carta, e curiosamente, ele nos tenha oferecido, sem lhe ter sido solicitado, correções ao texto publicado do *Manifesto, no Washington Post*. Evidentemente, uma tal posição tende a parecer, numa primeira apreciação, como sendo de um total absurdo. Contudo, aí se encontra a especificidade de uma posição bem construída.

Caso ele se reconhecesse como o Unabomber, isso implicaria responder por um lugar que o responsabilizaria segundo as injunções simbólicas do Outro, ou seja, comprometendo-o numa condição que lhe escapa inteiramente. Por isso mesmo, quando seus advogados insistiram para que ele se admitisse como sendo o Unabomber, tentou suicídio em seguida. Uma vez que ele admitiu ser o autor de algumas das cartas, mas não todas, a condição de mártir do nome é o que, por um lado, lhe permite conquistar a posição de autor, ao mesmo tempo em que não encontra aí um lugar de sustentação, de forma decisiva. Contudo, o que me parece mais significativo é a função que cumpre para ele, enquanto Theodore John Kaczynski, o nome de Unabomber. É desde o Unabomber que ele pode sustentar Theodore John Kaczynski, de uma forma inédita. Isso porque Unabomber é um nome composto, ou seja, é um nome enlaçado. Há um enlaçamento de UN, de *UNiv*ersidade, com *A*, de avião, e *BOM*ber, de bombardeador. Unabomber realiza, assim, uma ligação possível entre elementos heterogêneos. Essa condição escapa a Theodore John Kaczynski, devido à modalidade de constituição do nome próprio na psicose. Nos termos apresentados nesta elaboração, Unabomber cumpre a função de suplência, como nome próprio, para Theodore John Kaczynski.

Na troca de cartas que mantivemos, uma vez que ele consentiu em responder às perguntas que lhe foram enviadas pude notar que ele realiza sua assinatura de três maneiras diferentes. Primeiramente, escreve seu nome próprio por extenso. Depois, precedido de alguma observação trivial, ele assina Ted Kaczynski. Por último, ao final da carta, vem escrito T.J.K.. Penso que seria um pouco excessivo querer encontrar ai, nessas três formas diferenciadas de assinatura, a colocação em cena de uma decantação progressiva à letra, que a suplência teria lhe permitido realizar. Mais do que isso: parece-me que se mantém, nesse tipo de escrita, uma separação entre os três termos que evocam a economia do nome próprio. Em última instância, esse tipo de sustentação introduz a possibilidade de se interrogar por uma modalidade diferenciada da existência humana.

Não deixa de fazer eco ao que foi mencionado, que o livro de cabeceira de Kaczynski tenha sido sempre o de Joseph Conrad, *O coração das trevas*. Esse livro tornou-se mais extensamente conhecido na atualidade, para além de seus méritos literários, devido à adaptação que Francis Ford Copolla fez dele para o cinema, sob o título de *Apocalipse now*. O personagem principal, Kurtz, diferentemente do filme, morre antes que o navio que foi capturá-lo chegue ao primeiro porto da civilização. Kurtz havia fundado e liderado uma comunidade que tinha se rebelado contra os próprios aliados. As últimas palavras de Kurtz, antes do primeiro porto, e que constituem sua última fala é: "O horror, o horror!". No livro, quando se descobre que Kurtz está moro, a primeira impressão é relatada da seguinte maneira,

> Fiz a curiosa descoberta de que nunca o imaginara conversando, entendem, mas discursando. Não disse para mim: "Agora nunca

mais vou vê-lo", ou "Agora nunca mais vou apertar-lhe a mão", mas "Agora nunca mais vou ouvi-lo". O homem se apresentava como uma voz.[19]

O que fica para ser depurado é a dimensão da presença, como voz. Para tanto, é preciso poder reconhecer o valor de verdade em relação à ação mortífera da ciência e da tecnologia, sem o que sua presença se confunde como sendo tão-somente o depoimento de mais um doente mental. Retomando últimas palavras de Kurtz, "o horror, o horror" é a proximidade da civilização. Nela, contamos hoje com um outro tipo de apelo, no qual se realizou uma passagem. Já não se trata mais das cartas-bomba, mas de homens e mulheres-bomba. Poder reconhecer o que está em jogo nesse ato implica situar-se num lugar em que o sacrifício dos corpos e a explosão do Outro decaiam do lugar de fascinação que promovem.

Caso o psicanalista se disponha a abordar e ser abordado pela psicose, poderá tentar depurar a questão presente no parágrafo 194 do *Manifesto* do Unabomber.[20] Lá, ele nos afirma que a revolução deve ser feita por "pessoas que estão do lado de fora". O problema com relação à psicose se refere exatamente a esse ponto em que o fora não deve ser homologado a um exterior, em contrário a um interior, situado de forma geométrica. Partindo desse princípio, reúnem-se condições para admitir que a psicose paranoica, pelo fora do simbólico que lhe é característico, introduz a possibilidade de situar a invenção como uma posição que ela é capaz de provocar, em face da ausência das coordenadas pelo sentido.

[19] Conrad, Joseph. O coração da trevas, Hamilton Trevisan (trad.). São Paulo. Global, 1984. p. 73.
[20] Kaczynski, Theodore John. "Industrial society and its future" (O manifesto do Unabomber, assinado por F.C.) *The Washington Post*, 22 set. 1995.

Resta definir se nos encontramos em condições de distinguir a invenção, da terapêutica, referências estas que se confundem, em nome de benefícios integradores. A partir de então haverá possibilidade de separar os atos que se originam pela autorização do psicanalista daqueles que surgem referidos à garantia. Questão a ser considerada, quando se pretende aproximar a experiência daqueles que estão "presos do lado de fora" da *praxis* dos que se mantêm fora pelo lado de dentro.

O atravessamento pelo que vem de fora poderá dar origem a uma experiência inédita — a invenção de uma aposta.

REFERÊNCIAS

Braunstein, Néstor A. *Por el camino de Freud*, México, Siglo XXI, 2001.

Carr, C. *A assustadora história do terrorismo.* (Mauro Silva, trad.) Rio de Janeiro: Prestígio Editorial, 2002.

Chaland, G. *Terrorismes et Guérillas.* Paris: Flammarion, 2001.

Chase, A. Harvard and the making of the Unabomber. *The Atlantic Monthly*, n.205, June 2000, pp.41-65

Chomsky, N *11 de setembro.* Luiz Antonio Aguiar (trad.), Rio de Janeiro: Bertrand Brasil, 2002.

Clausewitz, C. von. *Da guerra.* Maria Teresa Ramos (trad.) São Paulo: Martins Fontes, 1996.

Conrad, J. *O coração das trevas.* Celso M. Paciornik (trad.) São Paulo: Iluminuras, 2002.

Dias, M. M. "Uma escrita explosiva", apresentação sobre o Unabomber, realizada nos encontros preparatórios paro a jornada "*Letra e escrita na Clínica Psicanalítica*", na Escola de Psicanálise de Campinas, 2002.

Foster, D. *Author unknown: On the trail of anonymous.* Nova York: Henry Holt & Co., 2000.

Johnson, S. C. "*Psychiatric Competency Report — Theodore John Kaczynski.*"

Kaczynski, T. J. "Industrial Society and its Future" (O manifesto do Unabomber, assinado por F.C.) *The Washington Post*, 22 set. 1995.

Keegan, J. *Uma história da guerra.* Pedro Maia Soares (trad.) São Paulo: Companhia das Letras, 1996.

Lacan, J. A Agressividade em psicanálise, *Escritos.* (Vera Ribeiro, trad.). Rio de Janeiro: Jorge Zahar, 1995.

__________. *O Seminário, livro III: As psicoses.*1955 – 1956. (Aluisio Menezes, trad.). Rio de Janeiro: Jorge Zahar, 1992.

__________. De uma questão preliminar a todo tratamento possível da psicose. *Escritos.* (Vera Ribeiro, trad.). Rio de Janeiro: Jorge Zahar, 1998.

__________. *O Seminário, Livro XVII, O avesso da Psicanálise.*1969 – 1970. (Ary Roitman, trad.). Rio de Janeiro: Jorge Zahar, 1992.

Rabinovitch, S. *A foraclusão: presos do lado de fora.* (Lucy Magalhães, trad.). Rio de Janeiro: Jorge Zahar, 2001.

A VOZ DO TELEPATA

A experiência com o telepata esteve presente na elaboração do tema da voz por meio de duas referências. A primeira, pela transmissão de pensamentos que alguns sujeitos entrevistados nas apresentações de pacientes no Hospital São João de Deus afirmaram experimentar. A segunda se refere ao trabalho feito a partir da retomada por Lacan no Seminário XI e no Seminário L'insu, do sonho relatado por Freud no capítulo sete de *A Interpretação dos Sonhos* (1900/1987), cujo título é: "Pai, não vês que estou queimando?"

Segundo Freud, o sonho foi motivado pelo desejo do pai de ver o filho vivo no sonho, falando com ele. O que teria levado o pai a retardar o socorro para aplacar as chamas que começavam a tomar as vestes do cadáver? Jacques Lacan vai mostrar que o que importa nesse sonho é o despertar. Ele é causado pela afirmação da cegueira do pai — "Pai, não vês" — pelo filho no sonho. Tal cegueira é confirmada pelo despertar, que mostra, mais uma vez, que nenhum pai é capaz de dar conta inteiramente do Ser pai, mesmo terceirizando sua função de vigília a outro, que deveria ocupar-se de velar pelo seu filho morto.

Procurei mostrar ao time do Projeto Ponte que aquilo que desperta o pai é a voz do filho. Sendo assim, uma das funções da voz é a de despertar, o que implica uma dupla consideração. A primeira é que a voz é ouvida no sonho; ou seja, sem nenhum outro existente na vida de vigília, ainda assim ela é capaz de provocar o despertar do sonho. A voz no sonho desperta do sonho.

O segundo ponto se refere ao sentido do despertar. Aí não se trata de uma equivalência com o despertar causado pela voz de alguém que acorda o sonhador em posição exterior ao sonho. O despertar é causado pelo real. A voz do filho, que enuncia no sonho – "Pai, não vês" – faz retornar ao pai a sua castração. Ele é castrado como pai real, e por isso sua pessoa não abarca a função do pai simbólico, somente dá suporte a ela. Por isso, mesmo não há como colocar Outro para velar pelo filho morto, uma vez que nenhum outro é capaz de tudo ver e tudo cuidar para um filho, mesmo quando morto.

A voz faz emergir o real causando o despertar, lá onde o pai se sustentava por meio de um desejo pelo simbólico.

Não foi por acaso que em 1922, quando Freud publicou "*Sonhos e Telepatia*" haja menção, em uma nota de rodapé, justamente a esse sonho. Naquele momento, Freud procurava mostrar que o estado de sono, tal como o do pai que sonha com o filho vivo, é suscetível de produzir fenômeno telepático. O pai teria sido advertido pelos pensamentos que se formaram no sonho, a partir das chamas nas vestes do filho, de que ele precisa despertar. Freud afirma que o desejo inconsciente de ver o filho vivo seria responsável por formar os pensamentos pré-conscientes que transportam os traços do que se escreveu na percepção. Nesse sentido, a telepatia é esclarecida pelo método de interpretação dos sonhos.

Pelo que foi afirmado anteriormente, a Psicanálise vem trazer à tona a verdade da telepatia, esclarecendo seu funcionamento. Freud se mantém nessa mesma direção quando esclarece que as crianças participam do fenômeno telepático ao acreditar que seus pais conhecem seus pensamentos. A base para o entendimento de tal fenômeno é a culpa das crianças ao esconderem seus desejos incestuosos. Segundo Freud, se "as leis da vida mental inconsciente se aplicam à telepatia"(1922/1976, p.264), isso se dá pela ligação entre complexo de Édipo e telepatia no tocante à possibilidade de os desejos romperem a barreira da censura e serem descobertos.

Seguindo nessa direção, na Conferência XXX Sonhos e Ocultismo de 1932 Freud defendia que a telepatia, como uma forma de ocultismo, vem em auxílio da religião pois esta última se encontra ameaçada pelo avanço da ciência. Por esse motivo chegou a sugerir "uma aliança de cooperação entre analistas e ocultistas", em Psicanálise e Telepatia (1921/1976), já que "ambos experimentaram o mesmo tratamento desdenhoso e arrogante pela ciência oficial".

Ainda que não se vá articular extensamente essa questão neste momento, permanece para ser elaborada a afirmação de Freud de que o ocultismo viria fazer suplência à religião e que a posição do psicanalista seria a de estar advertido do fascínio do oculto, por meio do desvendamento dos mecanismos inconscientes que o estruturam.

Por outro lado, haveria de manter-se uma solidariedade com o ocultismo, uma vez que essas práticas fossem reconhecidas como tentativas de dar vigor ao Nome do pai, que claudica na religião, e que a ciência não reconhece em virtude de sua crítica ao obscurantismo. Afirmo que resta uma questão para ser articulada porque é notório que depois de Jacques Lacan o compromisso da Psicanálise tendeu a se acentuar, tanto em termos críticos quanto de aliança, notadamente com a ciência. Por isso mesmo fiz menção, logo no início deste texto, de relembrar o quanto a telepatia se mantém presente na experiência de muitos sujeitos psicóticos, e como o esclarecimento e a falta de preconceito sobre ela permitem avançar, ou não, na condução do diálogo com cada um deles. Sabe-se que Freud, mesmo tendo escrito três textos sobre o tema, manteve uma atitude de fascínio e evitação com relação à telepatia.

Não foi por acaso, portanto, que a psicanalista Radmila Zygouris, em seu artigo de 2012, *A escola da rua* afirma que a telepatia constitui uma resistência de Freud ao desejar "fazer da Psicanálise uma ciência respeitável". Ela acrescenta, ainda, que não somente a telepatia mas também a transferência materna, que a autora assimila à economia da telepatia. Isso significa que a transferência materna é a transferência, para essa e outros autores, de pensamentos que "se apercebem na relação precoce mãe-criança".

Consideremos que se o sujeito psicótico é suscetível à experiência da telepatia, não sendo exclusiva dele, é mesmo porque, ao ser o emissor ou o receptor das mensagens do Outro, ele instaura um laço que lhe permite sustentar uma relação. Sendo assim, a experiência telepática no psicótico não reafirma sua loucura. Ela, a telepatia, repara uma falha. Lá onde o sujeito não recebe sua mensagem de forma invertida, podendo simbolizar o que vem do Outro, o psicótico refaz uma relação pela telepatia, ora se fazendo emissor, ora receptor.

Sendo assim, isso significa que a telepatia faz laço com um Outro que invade o sujeito e, por isso mesmo, sob transferência ele vai convidar o psicanalista a participar dessa ligação, procurando saber se esse último também é capaz de escutar as mensagens que ora ele envia, ora recebe.

Vou partir do princípio de que a transferência analítica se constitui por um laço que liga analista e analisante com a condição de que aquilo que o sujeito enuncia sem escutar é reenviado a ele pela voz do analista, que tem a função de tornar audível o que foi escutado sem saber que tivesse sido dito. Para tanto, não é preciso que um psicanalista tenha a capacidade de escutar o que o analisante pensa, mas sim que, se Isso fala pela boca do analisante, seus pensamentos são articulados parcialmente em seu discurso sem que ele mesmo escute. De tal forma a telepatia participa da economia da transferência que não é incomum escutarmos comentários dos analisantes, após uma pergunta do psicanalista, ao sentirem-se surpresos, do tipo: "Nossa, até parece que você adivinhou o que eu estava pensando".

Para que isso aconteça, não é necessário que o psicanalista mantenha uma disponibilidade maternal com seu analisante. É preciso, sim, que ele possa se ligar ao que vem do analisante dando voz a Isso. Ao articular a telepatia com a transferência, e esta ao sujeito suposto saber, o que Lacan realiza é um tratamento das resistências de Freud, mas não somente. Considerar que a telepatia chega ao nosso campo de experiência pela transferência, significa admitir que a proposta de Freud, enfim, encontrou seu destino. Selou-se, de fato, uma ligação entre a Psicanálise e o ocultismo, só que agora não é para celebrar a eliminação do oculto face a um suposto desígnio científico que deveria ser buscado. Cada vez que Isso que se oculta retorna sob a forma de significantes, reabre-se a possibilidade de refazer um pacto inédito com a palavra. Esse trabalho de criação de um novo eixo de articulação confere ao inaudito a possibilidade de reconquista da voz. Que o desejo do psicanalista seja o motor dessa experiência reintroduz cada profissional na tarefa de responder de que maneira, hoje, numa época recoberta por ciência e ocultismo, situam-se suas posições, com uma e com outra, para além de manifestações de deslumbramento com o ocultismo, tanto quanto de admiração reverente à ciência.

Por fim, vale lembrar que se Lacan escutou, articulou e transmitiu o que da obra freudiana não havia sido reconhecido, ele se constituiu como o telepata de Freud. A diferença com o psicótico se deu e se dá sob duas condições.

A primeira tem a ver com não transformar a mensagem de Freud em dogma, tampouco em crença, condição que impede a transmissão e a paralisa numa repetição estagnante. A segunda, em continuar sustentando as mensagens como tendo origem na obra de Freud, mesmo quando elas não se encontram lá. Isso significa que a obra de Freud vai conquistando um lugar e uma função de alteridade, onde o que passa a importar é a criação a partir do que causa desejo. Portanto, há um além do Lacan, telepata de Freud. Esse além, que se situa como além da retomada da verdade na obra freudiana, escreve a voz como seu termo decisivo. Ela implica, a um só tempo, o advento do real, como espanto ao que foi dito, tanto quanto reintroduz o sujeito onde antes havia silenciamento do desejo.

REFERÊNCIAS

Freud, S. (1900) *A interpretação dos sonhos.* 2 ed. Rio de Janeiro: Imago; 1987

_________. (1921). Psicanálise e telepatia. In: _____, *Edição* Standard das obras Completas de S. Freud, vol. XVIII, 1976

_________. (1922). Sonhos e telepatia. In: _____, *Edição* Standard das Obras Completas de S. Freud, vol. XVIII, 1976

_________. (1933-32). Novas conferências introdutórias sobre psicanálise. Conferência 30. Sonhos e ocultismo. In: _____, *Edição* standard brasileira das obras psicológicas completas de Sigmund Freud. (J. Salomão, trad.), vol. 22, Rio de Janeiro: Imago, 1990.

Zygouris, R. A escola da rua. In: Duvidovich, E. *Diálogos sobre formação e transmissão em psicanálise.* São Paulo: Zagodoni, 2013.

SUSTENTAR O INCONSCIENTE PELA REINVENÇÃO DAS FRONTEIRAS NA PARANOIA

UMA QUESTÃO

Desde o primeiro momento que li a proposta temática para o encontro que nos reúne, "*Como sustentar a aposta no inconsciente, hoje?*" pelo Centro de Estudos Freudianos do Recife (CEF), não tive dúvida que queria participar. No segundo dia em que me deparei com o cartaz, não esperei nada para comunicar aos meus colegas do CEF que iríamos nos reencontrar. Faço esse breve relato porque, em meu caso, essa movimentação que descrevi, constitui uma primeira elaboração para a pergunta que orienta nosso encontro. Caso a pergunta não despertasse uma interrogação em quem a escuta, ela implicaria tão somente uma resposta como termo complementar. Sendo assim, não há uma resposta unívoca quanto ao que significa sustentar a aposta no inconsciente, hoje. Isso que decide responder, por cada um, a maneira pela qual se sustenta essa aposta.

Vou me deter inicialmente em três condições necessárias para articular uma resposta possível à interrogação de nosso encontro.

CONDIÇÃO TERNÁRIA DE UMA APOSTA

Primeira: O que se entende por sustentar quando essa palavra vem associada à aposta?

Segunda: O que significa aposta no inconsciente?

Terceira: O que significam: Inconsciente e inconsciente, hoje?

A importância de a sustentação vir associada à aposta é, porque assim, ela faz comparecer um sujeito na aposta. Trata-se, portanto, de sustentar a presença do sujeito, pela aposta que ele realiza, ou seja, pelo que escolhe e decide. E é exatamente porque há inclusão do sujeito nas apostas, que elas serão suscetíveis de enganos, equívocos, modos e tempos de sustentação diferentes. Nem sempre a sustentação será exitosa. Ao incluir o fracasso pela divisão do sujeito, eleva-se o conceito de aposta numa condição ética. Isso porque não se trata de domínio, mas sim de sustentação, a qual, é marcada pelo impossível de se manter sem abalos, sem deformações e cortes.

A segunda questão sobre o que significa aposta no inconsciente, implica uma dupla articulação. Pelo exposto anteriormente, o sujeito presente nas apostas é efeito do inconsciente que organiza suas leis. Elas se encontram diretamente ligadas à forma pela qual o sujeito mantém a relação com o saber e a verdade. Tal se dá porque há uma homologia que participa das noções de sujeito e de inconsciente. Aos dois corresponde a presença do fracasso como sinônimo de divisão de quem fala, assim como fracasso devido a um sentido Outro, recalcado, nos sonhos. Se se trata de fazer uma equivalência entre sujeito e inconsciente, pelo fracasso, isso implica incluir como termo de articulação com o sujeito que nos ocupamos o corte, ou seja, a descontinuidade, presença do não todo. Portanto, ao falar de aposta no inconsciente incluindo corte, fracasso e não todo, seremos levados a conceber uma estrutura compatível aos três. Isso nos permitirá ligar, a um só tempo, o impossível de dizer e o impossível de escrever, pela impossibilidade da relação sexual. Tal estrutura é homóloga ao nó borromeano. Por quê?

A chamada cadeia borromeana vai ligar o impossível de dizer, pelo imaginário, ao impossível de escrever, pelo simbólico, ao impossível da relação sexual, pelo real. É, também, pelo nó borromeano, que se pode reconhecer diferentes pontos de cruzamento promovendo efeitos no sujeito que é constituído por eles. Mais adiante, vou indicar nesses pontos de cruzamento do nó borromeano o fundamento do conceito de fronteira — desde já, diferenciando-o da Cartografia.

Em nosso caso, além de as fronteiras participarem de uma estrutura que inclui os nomes do pai, o sujeito e o objeto a, elas não se resumem ao traçado de territórios que identificamos nos mapas. Por isso mesmo, as fronteiras, desde a estrutura do nó borromeano, introduzem uma outra concepção de espaço que não se deduz por cálculos de distância. Em nossa experiência trata-se de espaço que inclui a deformação dele, ou seja, espaço que nos extremos das crises fóbicas, tanto quanto das alucinações e vertigens, revelam que o mundo simbólico é o responsável por sua organização. Não há garantia que as referências espaciais se mantenham sempre as mesmas para um sujeito. Suas fronteiras serão vividas primeiramente em seu corpo, desde a relação que mantém com o Outro. Portanto, a sustentação das fronteiras irá depender da ligação entre as três identificações na estruturação do sujeito.

Quanto à terceira questão "o que significam inconsciente e inconsciente hoje?", esta tem a ver com poder responder que, além de ter sido definido como corte, divisão, encontro faltoso, o conceito de inconsciente se define também pela condição de participar do "equívoco, que nomeia o mal-entendido" (Lutzky, 2013). Lembrando com Lacan que "o equívoco é o princípio do chiste, o qual faz equivaler som e sentido" (11/02/1977).

Tal definição nos leva a interrogar sobre a ausência de equívocos e mal-entendidos nos discursos que nos rodeiam. Por outro lado, adverte-nos que a possibilidade de escutar o equívoco, tornando-o possível de ser reconhecido como mal-entendido, se encontra na dependência da presença do analista junto ao par, como diz Lacan, analista-analisante, ou ainda, como metade do sintoma do analisante.

E o inconsciente, hoje? Primeiramente, como podemos situar o que significa hoje, sem reduzi-lo a ser diferente de ontem e amanhã, em termos cronológicos? Hoje, é o que vou procurar mostrar, é sinônimo de atual, como atualização do real vivido pelos encontros faltosos que experimentamos em nossas vidas. O que nesse momento em que vivemos podemos recolher como efeito de tratamento do real pelos discursos à nossa volta? Essa interrogação inaugura, a nosso ver, a necessidade de reconhecer a dominância da paranoia na constituição de nossos laços, assim como dos discursos que se estruturam a partir dela. Para tanto, é preciso reconhecê-la como "a certeza, para um sujeito, de ter o saber da verdade" (Melman, 2006). Ou ainda, segundo nossa pesquisa, a paranoia é o exercício do eu em sua condição imaginária, visando à renovação das satisfações narcísicas, pelos discursos que investem em sua fixidez. Assim, ela é coextensiva ao capitalismo, à ciência e a religião. Está presente no discurso do capitalista, pela condição de agenciar um sujeito, de forma a que ele produza objetos de gozo para mantê-lo assujeitado ao ciclo renovado da produção e do consumo.

No discurso do capitalista, tal como na paranoia, o sujeito coloca o gozo no lugar do Outro, assujeitando-se a ele, como forma de gozar, ele também, pelo valor pago por seu trabalho, como proletário. Contudo, há uma diferença na posição do sujeito em um e outro caso. Isso porque, ser assujeitado ao Outro, na psicose paranoica, implica a retirada de cena do sujeito, de uma forma em que ele é contado decisivamente pelo Outro. Ele é mártir do Outro e, por isso mesmo, não constrói seu fantasma. No tocante à paranoia no discurso do capitalista, isso tem a ver com se deixar tomar por um discurso que promete a satisfação do fantasma, causando-o pelo gozo dos objetos. E a forma de consentir a esse discurso é sempre a de se deixar tomar pelos imperativos do mercado, quais sejam, consumo, dívida, trabalho, consumo, dívida, trabalho ... de forma repetitiva.

Quando afirmo que a paranoia é coextensiva à ciência, tal ponto de sustentação se encontra por meio do que Lacan afirmou sobre a relação entre psicose e ciência. Para ele, há foraclusão do sujeito na ciência, e em seu lugar advém um saber que se pretende resolutivo de forma integral, pelo sonho da matematização completa do real, patrocinado por um mercado que promove sua sustentação. É exatamente nesse ponto fantasmático da existência de um saber que resolve tudo, que a histérica vai instalar sua transferência ao mestre, agora cientista, fazendo-o fracassar, mas nem por isso, deixando-a menos devota a ele. Podemos constatar, assim, uma participação e um estímulo, vindo da histeria, para o avanço da ciência.

Qual o tipo de relação da paranoia com a religião? Melhor dizendo, em nosso caso, religião ou religiões, religiões ou seitas, igrejas ou mercados da fé? A paranoia participa diretamente de uma ligação com a religião, quanto mais essa última pretende ser única. Hoje, no momento em que vivemos, há nitidamente uma degradação da religião, devido a sua ligação estreita com a política, enquanto sinônima de forma degradada para sustentar interesses espúrios. Significa que a religião/seita, no plural, restitui seu lugar e função, na medida em que radicaliza os discursos como forma de colocar no lugar do texto simbólico a palavra dos mercadores. São palavras que operam uma interpretação literal e unívoca, quando ainda se valem de passagens do texto sagrado, o que faz com que tais passagens e mensagens percam sua condição de transmissão simbólica, e fé verdadeira. Assim, torna-se possível que a palavra do pastor se sobreponha à leitura e à interpretação dos textos da tradição, mantidos vivos pelo trabalho dos que se empenham na exegese deles. São fenômenos de massa de convicção e certeza, os quais adubam o terreno para a instalação do "discurso da estupidez" responsável pela redução da polissemia da língua e promoção de endogamia. Junto a eles a presença do vazio de cada um se faz notar pelas identidades e compensações frágeis, quanto mais aspiram à univocidade como forma de reparação precária. Não por acaso, o número de suicídio entre os jovens só aumenta.

SUSTENTAR O INCONSCIENTE PELA REINVENÇÃO DAS FRONTEIRAS NA PARANOIA, HOJE

Sustentar o inconsciente pela reinvenção das fronteiras na paranoia implica reconhecer que, mesmo que o psicótico tenha horror ao equívoco, ele é capaz de construir recursos para barrá-lo. Ele se torna o mártir da fronteira ao ficar assujeitado à tentativa de mantê-la, tal como Schreber em seus diálogos com os pássaros celestes, usando a homofonia deles para fazer outras. Existe ele, Schreber, e Deus. Enquanto tenta impedir a ruptura das fronteiras de seu corpo por Deus, ele é, a um só tempo, Schreber e Deus. Eles são um só nesse mesmo território onde a batalha é travada já que, para manter sua existência, ele precisa se ligar à presença invasiva do Outro. Há fronteira porque existem dois nomes, Schreber e Deus, mas ao mesmo tempo essa fronteira só é abordável por um, já que os dois se encontram ligados.

Tal condição de indistinção é apreensível quando a voz, como lembra Lacan, sonoriza o olhar, tornando-o prevalente na paranoia (R.S.I.). O que até então se distinguia como desejo ao Outro, pelo olhar, é fixado pela voz, como sinônima do desejo do Outro. O sujeito olha pela voz, ou seja, ele se encontra cego pelo imperativo das vozes que comandam a significação de seu olhar O surpreendente é que tal ausência de fronteiras na paranoia pode se modificar a partir da relação com um psicanalista. Isso não é o mesmo que afirmar que existe cura da psicose, mas sim tratamento possível, como Lacan havia escrito ser possível. E a condição que permite que tal tratamento seja possível é a *existência de transferência na psicose.* Qual é a modalidade dessa transferência? Ela é aquela que identifica o sujeito saber com Deus. Ou seja, há um saber no Outro sobre o sujeito, o que muitas vezes é responsável pelo desencadeamento de delírio de perseguição com o analista, ao mesmo tempo que cria condições, nomeadas de dependência, nem sempre possíveis de serem reduzidas, senão num tempo de maior duração.

Afirmei antes que as fronteiras se encontram indicadas nos pontos de cruzamento do nó borromeano. O que acontece no nó de trevo como nome do nó que se transforma no da paranoia? Nele não encontramos pontos de cruzamento onde as fronteiras se cortam. Existem três linhas — do real, do simbólico e do imaginário — juntas, ligadas numa relação de continuidade. Isso significa que não há fronteiras, porque as linhas não estabelecem pontos de cruzamento promovendo cortes e colagens diferentes. No entanto, esse nó é cortável. O que acontece quando ele é cortado? Ele se liga outra vez, mantendo os pontos em continuidade, colando-os num outro lugar que irá religá-los. É o que constatamos na *folie à deux*. Quando as irmãs Papin se separam pelo crime, elas se separam do laço mãe-filha para se religarem outra vez com a mãe, especialmente Lea Papin, que sai da prisão e retorna para a casa da mãe. Não será a mesma ligação de antes. Mas a condição de continuidade irá se manter. Suas vidas se manterão ligadas, mas não da mesma maneira porque, no caso delas, o ato criminoso irá pacificar a pulsão homicida. A consistência do laço será mantida, e uma barreira será criada por efeito de nomeação que o ato promoveu, já que as irmãs Papin, diferentemente de antes, serão identificadas, agora, como autoras de um duplo crime (Porge & Allouch, 1984). Cada uma irá reescrever seu nome pelo estilo na execução dos cortes operados sobre o corpo das martirizadas.

Uma vez que é possível de admitir, desde a *folie à deux*, um corte no nó da paranoia, tal como procurei ilustrar pelo caso das irmãs Papin, isso significa considerar que a transferência com um psicanalista também poderá promover efeitos de corte na paranoia. Só podemos considerar tais consequências se estivermos advertidos do fato de que esse corte — refiro-me aqui aos casos de *folie à deux* que conduzi em tratamento — advém como efeito da presença do psicanalista, seja entre mãe e filha, seja como parceiro de um sujeito paranoico. Tal presença não se referencia pelas intervenções simbólicas que habitualmente orientam seu manejo, mas sim como mais um entre duas, ou como mais um ao lado de um outro com seu mundo fechado. A constituição de uma nova mesma posição se encontra diretamente ligada aos momentos de desestabilizaçao das certezas. É aí, nesse momento, que o psicanalista empresta sua voz para sustentar a possibilidade de uma separação com a fixidez que o olhar mantinha como significação inabalável do mundo. Portanto, pela transferência com o sujeito psicótico se podem recolher as condições de modificação das fronteiras de seu mundo, reinventando-as. Esse momento é correlativo à sustentação do inconsciente, uma vez que é a partir da presença dele pela transferência, que o sujeito poderá mudar de lugar.

Resta ainda saber de que forma podemos fazer incidir tal formulação sobre os laços promovidos pelos discursos que renovam a paranoia em nosso momento histórico. Para tanto, será preciso reconhecer que, ao assistirmos a invasão das fronteiras pelas guerras, tal como podemos acompanhar, reafirma-se a indicação de que "a fronteira é a causa da paranoia (Melman, 2013) . Entendendo que, para que a fronteira se constitua causa da paranoia, assim acompanho, é preciso que a paranoia já tenha se instalado com vigor, visando tanto à destruição do Outro, quanto à invasão por ele. Isso porque o paranoico é antagônico à vizinhança. Em qualquer manifestação de diferença, seja ela perturbadora ou banal, ele encontra os motivos para fazer agir sua beligerância. Nesses termos, vale interrogar se as fronteiras não cumprem a função, desde sua condição política e geográfica, de fazer barreira e suscitar as invasões, quanto mais as proximidades entre os territórios se radicalizam. Se tal construção merece reconhecimento, poderíamos levar mais a sério o deslocamento das massas humanas que tentam entrar a todo custo em países distantes. É certo que incitarão, sem saber, uma disseminação de políticas endogâmicas. A xenofobia é um fato, existe e avança. E ela, xenofobia, é um tipo de gozo promovido pela paranoia, enquanto recusa do Outro. Contudo, mais do que isso, como ensinou Freud, o ódio é primeiramente dirigido a esse representante do exterior que é acusado como responsável que priva o sujeito das satisfações que nunca existiram, de verdade. Isso nos adverte para uma indissociabilidade do ódio junto ao tratamento da paranoia, assim como introduz uma interrogação sobre o que fazer para inventar alternativas que promovam sua redução. Um ponto me parece certo no avanço da paranoia em nossa época: para acompanhá-lo é preciso abdicar do delírio de perseguição como decisivo para a extensão da paranoia. Ela vai além disso. Se dá a ver no consentimento generalizado para a não interrupção das guerras. Trata-se de matar, de exterminar o Outro. Não interessa mais saber se os organismos internacionais estão de acordo com isso. Faz-se e ponto. Invade-se. Destroem-se as fronteiras. Não pode haver dois, só pode existir o direito de um lado, aquele que é mais forte em termos bélicos. As fronteiras não contam mais. Os corpos, onde primeiramente foram vivenciadas as marcas da vizinhança, agora são mortos.

O conceito de fronteira se modificou. Devido à disseminação extensiva das guerras de invasão, o conceito de fronteira não tem mais reconhecimento jurídico. O consentimento à destruição e à invasão de fronteiras promove, sob os corpos que sobrevivem, tanto quanto aos outros que assistem, a cativação de responder pela violação deles. A violação dos corpos, seja pelo estupro, pelo crime ou pelo genocídio, começou a se transformar em justificativa para responder aos conflitos.

Se aquilo que apresento hoje é sustentável, ou seja, faz vizinhança com a prática e teorização de cada um, isso significa que podemos compartilhar com o princípio decisivo das fronteiras, como ponto de articulação, entre corpo e discurso. A materialidade não é a mesma, ainda que uma marque a outra. Consideremos, por um momento, que aquilo que supúnhamos assegurado pelo conceito de fronteira, de repente cai, é invadido devido a um corte, um desencadeamento psicótico, ou um ato de guerra, por exemplo. Para articular a reinvenção das fronteiras, hoje, na paranoia, é preciso admitir que elas, ao mesmo tempo cativam a proximidade, tanto quanto promovem a destruição delas. Não há modalidades de reinvenção antes de existirem como tais. Ou seja, não tem como responder a interrogação que nos reúne, que não seja sustentando o inconsciente como aposta na reinvenção.

REFERÊNCIAS

Lacan, J.(1974-75). Seminário, livro 22. R.S.I.inédito.

__________.(1976-77). L'insu qui sait de l'une-bévue s'aile a mourre (1976-177).

Lutzky, J. R. El equívoco y lo real del cuerpo en la psicosis. *En*: *Maldecir la psicosis; transferencia, cuerpo, significante*. Buenos Aires: Letra Viva, 2013.

Melman, C. *Como alguém se torna paranoico*. Porto Alegre: CMC, 2006.

Porge, E. & Allouch, J. La "solution" du passage à l´acte. *Le double crime des soeurs Papin*. Toulouse: Érès, oct. 1984.

PARTE II

APRESENTAÇÃO DE PACIENTES E A CLÍNICA PSICANALÍTICA

NÃO HAVERÁ PSIQUIATRIA SEM PSICANÁLISE

INTRODUÇÃO

Começo por assinalar a singular inversão efetuada no título. Afinal, diante dos incontáveis recursos que a Psicofarmacologia coloca à disposição para os tratamentos, não se trataria exatamente do contrário?

Perguntamos ainda: sustentar uma afirmação como essa, na qual o futuro se encontra anunciado sob a condição da não sobrevivência de uma das partes, não seria a prova extrema de um gesto de recusa que, de fato, revela o obscurantismo que alimenta a ignorância em relação aos benefícios da ciência? Esse é um argumento fértil, na medida em que serviria para comprovar que a Psicanálise não é nada além de uma nova religião. Contudo, não foi essa a posição esboçada por Freud quando, em 1917, adverte:

É de se esperar que, em um futuro não muito distante, perceber-se-á que uma psiquiatria cientificamente fundamentada não será possível sem um sólido conhecimento dos processos inconscientes profundos da vida mental (Freud [1917/1996, p. 262).

É certo que invocar o nome de Freud, assim como citar um texto de sua autoria, somente reafirma o ordenamento do título a uma tradição/filiação. Essa condição não se confunde com a pretensão de esgotar um problema, utilizando uma figura de autoridade. Por isso mesmo, nesse caso, a tradição deve ser situada segundo a condição de verdade que os textos do fundador da Psicanálise mantêm viva, enquanto a filiação implica a operação de redizer uma experiência, a partir da qual um psicanalista repassa o sentido de suas descobertas.

Evocar um texto de Freud, a título de condensar o que nele se pode recolher da verdade, exige situar os elementos que fundamentam. Trata-se, portanto, da distinção, da eficácia e da determinação da Psiquiatria pela Psicanálise. Ocasião em que se faz escutar um convite piedoso que adverte que se usem argumentos de prudência. Afinal, não é verdade que uma das figuras emblemáticas de nossa época se anuncia como exemplo de abertura e como portador do ideal de inclusão das descobertas da Psicanálise pela Psiquiatria? A perpetuidade desta última é sustentada pelo gesto nobre de se valer das contribuições de outros campos, dentre eles a Psicanálise. Se tal posição tem o mérito de manter os ouvidos abertos, no entanto, não é verdade que isso possa produzir qualquer tipo de afetação pela escuta do que vem deles. Ao contrário, em conformidade com o que se anuncia, introduzir uma compreensão psicanalítica da sintomatologia psiquiátrica permite, ao mesmo tempo, "não ignorar a revolução psicanalítica" (Maleval, 1980/2005, p.12), reduzindo-a a uma cosmetologia.

Se, em 1917, a relação da Psiquiatria com a Psicanálise foi apresentada por Freud através da relação da Anatomia com a Histologia, hoje o que se constata é que não apenas se reduziram ao extremo as iniciativas de problematizar essa questão, como também se pode reconhecer a invasão, na Psicanálise, de termos e da forma de conceber os tipos clínicos utilizados pela Psiquiatria. Por acaso, não se recolhem da boca de psicanalistas expressões tais como 'síndrome do pânico', 'transtorno bipolar', 'déficit de atenção', 'depressão endógena' e outras mais?

Tudo se passa como se se tratasse de uma mesma clínica, em que só se altera a maneira de explicar. Se não existe mais tanto interesse em se interrogar o tipo de relação vigente entre a Psiquiatria e a

Psicanálise, não é apenas porque não há mais qualquer possibilidade de diálogo entre elas, devido à dominância expressiva da Psiquiatria biológica. Mais do que isso, é preciso reconhecer o avanço de uma tendência avassaladora, no sentido de conceber a clínica psicanalítica por meio dos significantes da Psiquiatria. Essa condição se torna tão mais problemática quando se supõe que a utilização dos termos psicanalíticos para situar a posição subjetiva de um sujeito elimina a alienação que aqui se insiste em articular.

Sabe-se que, historicamente, a clínica psicanalítica é tributária da clínica psiquiátrica e se vale das mesmas nomeações que advêm desta última. Contudo, desde o início da descoberta freudiana, as leis de funcionamento do inconsciente anunciadas em A *interpretação dos sonhos* (1900) vão levar Freud a retomar e a redizer a dinâmica de entendimento da neurose, da psicose e da perversão. A começar pelo fato de que o avanço de tais elaborações será circunscrito ao binômio Édipo-castração, enquanto experiência estruturante das diferentes posições subjetivas do ser falante, na dialética do desejo.

Parte-se aqui do principio de que a importação dos conceitos psiquiátricos não foi sem consequências para o fundador da Psicanálise. Isso porque, em se tratando do campo das psicoses, por exemplo, Freud foi levado a integrar a paranoia no conjunto das neuroses, seguindo a tradição psiquiátrica de sua época.

Mesmo que tal posição lhe tenha permitido alinhar-se com a contracorrente da tendência organicista dominante, por influência do *Tratado de Kraepelin* (1827-1883), de fato, o isolamento de uma estrutura para as psicoses, distintas daquela das neuroses, só vai surgir em 1924, nos textos *Neurose e psicose* e *A perda da realidade na neurose e na psicose*. Por outro lado, é verdade também que Freud se viu levado a fazer derivar o quadro da loucura histérica para o campo das esquizofrenias, continuando a promover, até os dias de hoje, uma dificuldade de diferenciação entre o delírio histérico e o delírio dissociativo. Em outras palavras, trata-se da dificuldade de distinguir um delírio, que tem sua origem na "perturbação da relação com a imagem especular" (Maleval, 1980/2005, p.31), de um outro, que implica a "deriva metonímica da cadeia significante suscitada por um vazio que ela não pode dizer" (p. 24).

Tal distinção é correlativa da possibilidade de uma abordagem diferenciada, no que diz respeito à condução dos tratamentos. Isso porque é verdade também que o que importa considerar é uma diferença que se estabelece entre o que é possível de ser ligado com os significantes latentes e uma outra condição, na qual se trata de constatar a não remissão a uma outra significação.

Quando se afirmar a semelhança das manifestações da histeria e as da psicose, tal afirmação se sustenta na condição delirante a que ambas são suscetíveis, ainda que a causa do delírio e a forma de sua abordagem no tratamento não sejam as mesmas. Contudo, quando se reconhece a foraclusão fundante, que é operatória – em termos de eficácia – no discurso da ciência, depreende-se que aquilo que passa a interessar é que o sujeito em questão delira, ou seja, ele se encontra numa condição perturbada na relação com a realidade. Entenda-se que essa perturbação implica uma adulteração da consciência em termos do julgamento, da atenção e da memória.

Nesse sentido, se não há privilégio da dimensão do sujeito do inconsciente que permitiria distinguir entre o que é assimilável simbolicamente e aquilo que retorna pelo real, não há como não se tender a incluir tais manifestações do campo das psicoses. Em vez disso, de fato, trata-se de investigar até que ponto um determinado sujeito tem condições de se manter em uma zona de relações que é coextensiva ao discurso comum, sendo capaz de sustentar um equilíbrio em termos do funcionamento do aparelho senso-perceptivo e do humor.

Se se pode admitir que uma não diferenciação da posição do sujeito pelo inconsciente possa levar à sua inclusão no campo dos distúrbios e dos transtornos, é verdade que tal aceitação se sustenta num campo, o da Psiquiatria, que se funda e se mantém pela exclusão desse mesmo sujeito. Diferentemente do que se tende a esperar, tal admissão não tem outro objetivo que não seja o de evidenciar os limites que são responsáveis por concepções quanto à casualidade, assim como quanto a intervenções distintas. Em relação a esse ponto, vale lembrar que, quer tomemos o conceito de transtornos, o de distúrbios, ou mesmo o de humor, estes não mantêm nenhuma proximidade com os significantes da Psicanálise, podendo até mesmo ser considerados como sua negação sistemática.

Alega-se sempre, e com uma frequência que não deixa de nos surpreender, que a utilização da experiência da clínica psiquiátrica foi valorizada pelo próprio Lacan em diferentes momentos de seus ensinamentos. Sobre esses aspectos, ao menos três retificações se fazem necessárias.

A primeira se refere à diferença, extraordinária para um observador, entre a tradição da clínica psiquiátrica a que Lacan se refere e a clínica psiquiátrica de hoje. Sem entrar em mais detalhamentos, basta lembrarmos que o conceito de cérebro, tal como adotado hoje na Psiquiatria, não mantém qualquer parentesco com a concepção que se tinha dele na época clássica. Além disso, todo um conjunto de ciências e técnicas vieram a se ligar com a Psiquiatria, em virtude de suas pesquisas sobre a atividade cerebral, passando da Cibernética à Neurologia, das neuroimagens à Bioquímica cerebral, da Genética à Neurocirurgia, assim como à Psicofarmacologia, para citar as mais atuais.

Em segundo lugar, tende-se a perder de vista o tipo de apropriação feita por Lacan da herança da Psiquiatria clássica para a Psicanálise. Um retorno a seu comentário sobre a definição kraepeliniana de paranoia no *Tratado*, realizado no dia 23 de novembro de 1955, na segunda lição de O *Seminário, livro 3, As psicoses*, merece ser lembrado. Ele inicia com uma citação do mestre alemão, em que se lê:

A paranoia se distingue dos outros, porque ela se caracteriza pelo desenvolvimento insidioso de causas internas, e, segundo uma devolução contínua, de um sistema delirante, durável e impossível de ser abalado, e que se instala com uma conservação completa da clareza e da ordem no pensamento, no querer e na ação (Lacan, [1955-1956/1985, p.26).

Em seguida, Lacan comenta: "Essa definição, que se deve à pena de um clínico eminente, tem isto de notável: ela contradiz ponto por ponto todos os dados da clínica. Nada nela é verdadeiro." (p.26)

Quando se perde de vista que o recurso utilizado por Lacan junto à Psiquiatria clássica tem como objetivo situar uma clínica do imaginário, baseada no rigor das descrições, passa despercebido que tal estratégia tem como finalidade poder destacar as estruturas freudianas que, por sua vez, vão permitir recortar o lugar do sujeito pela Psicanálise. Essa operação se encontra em curso nos primeiros momentos de sua obra, através do trabalho de revelação dos fundamentos simbólicos da experiência psicanalítica.

Em terceiro lugar, pode-se conjecturar que há um distanciamento que se faz notar em relação à presença da Psiquiatria clássica, tanto no que ela passa a constar sob o título de discurso da ciência e, consequentemente, pela operação de foraclusão do sujeito que a determina na relação com os outros discursos, quanto pelo avanço que Lacan faz vigorar em sua obra, a partir da invenção do objeto *a* em 1962-1963, bem como pela introdução do nó borromeano em 1971-1972.

Tudo isso irá determinar uma Outra articulação da clínica psicanalítica: com efeito, se em 1955 há um trabalho de destacamento da estrutura simbólica do imaginário, através da paranoia, *Tratado de Kraepelin*, mais adiante, em 1974/1975, sua definição de paranoia vai se encontrar referida inteiramente ao conjunto de suas próprias elaborações. É o que podemos recolher na lição do dia 8 de abril de 1975, no *Seminário RSI*, em que Lacan afirma: "A paranoia é um grude imaginário. É a voz que sonoriza o olhar que se faz prevalente, é um caso congelamento do desejo"[21] (Lacan 1974-1975, p.57).

No tocante à articulação da psicose paranoica pelo nó borromeano, encontramos a seguinte elaboração realizada na lição do dia 16 de dezembro de 1975, em *O Seminário, livro 23, O Sinthoma*:

> Na medida em que um sujeito enoda a três o imaginário, o simbólico e o real, ele é suportado apenas pela continuidade deles. O imaginário, o simbólico e o real são uma única e mesma consistência, e é nisso que consiste a psicose paranoica (Lacan, 1975-1976, 2007, p.52).

Não nos parece que as citações indicadas anteriormente possam encontrar alguma aproximação com a questão das psicoses, tal como mantidas pela tradição psiquiátrica. Pode-se ainda objetar que as apresentações de pacientes, realizadas por Lacan até poucos meses antes de seu falecimento, reafirmam uma herança psiquiátrica da qual ele não se desfez e que, por sua vez, se conectam com a Psiquiatria

[21] *La paranoïa, c'est pas ça, la paranoïa, c'est un engluement imaginaire. C'est la voix qui sonorise, le regard qui devient prevalente,cést une affaire de congélation dún désir* (...)". p. 69. Lacan, Jacques. R.S.I. (1974-75), Leçon 9, 08 Avril 1975. "

clássica, na qual elas tiveram origem. A nosso ver, tal suposição carece de uma distinção entre as apresentações de pacientes na Psicanálise e na Psiquiatria.

De forma sumária, pode-se afirmar que a apresentação de pacientes se insere no quadro da invenção da clínica psicanalítica, inscrevendo em Outro lugar, o do hospital psiquiátrico, a função do psicanalista, a do paciente, assim como a do público em sua função de terceiro, enquanto lugar em que a verdade se faz escutar de maneira retroativa, ao término das apresentações.

Se se pode reconhecer que há novamente em curso, na Psicanálise, um movimento de psicanalistas, no sentido de se valerem dos significantes da Psiquiatria, tal constatação não haverá de ser reduzida, como é feito habitualmente, a identificar nessa tendência uma aproximação no entendimento de questões, residindo a diferença apenas na maneira de nomear. A mudança de nomeação implica uma mudança do objeto a ser abordado. Como nos adverte Jean-Claude Maleval (1980/2005):

> Como é possível que dois enfoques tão diferentes entre si como o da Psiquiatria e o da Psicanálise possam utilizar uma mesma clínica? O exame atento das manifestações do inconsciente no discurso conduziria aos mesmos quadros nosológicos elaborados nos princípios do século por Kraepelin, que considerava que não conhecer o idioma do enfermo constituía, em "medicina mental", uma condição excelente para a observação? Devemos continuar em estado de admiração diante da Revelação Kraepeliniana? Ou tomar nota da insuficiência da investigação psicanalítica? (p.11, tradução nossa).

Pelo exposto até o presente, seria mais acertado afirmar que não haverá Psicanálise sem Psiquiatria, invertendo o titulo do texto, mas desde que se admita que tal inversão não é apenas tributária de uma história de filiação que consta nas origens desse novo campo. Também se trata de poder reconhecer que essa vinculação indissociável a uma história é tributária de um fantasma, fantasma esse que cumpre a função de deixar reservado aos cânones da História da Psiquiatria, assim como a seus contemporâneos, a preservação de uma identidade cientifica da qual se padece. Encontra-se aí um dos pontos de recobrimento para a angústia que se faz presente na não identidade do psicanalista.

Se o Vazio que habita o lugar do psicanalista puder ser colocado em operação pelo desejo que anima sua *práxis*, aí, sim, haverá condição de se cultivar um tipo de relação com a Psiquiatria, no qual o que se passa a importar é a indicação prevalente da dinâmica do desejo e da economia de gozo, como elementos necessários a serem levados em consideração quando se pretende realizar a retomada e a renovação de uma experiência. Nesses termos, a aproximação da Psiquiatria com a Psicanálise não tenderá a continuar se perdendo em acusações mútuas responsáveis pelo despertar das paixões indômitas de reconhecimento. Mais do que isso, tratar-se-á de poder contabilizar a foraclusão do sujeito, responsável pela ilusão da eficácia terapêutica; na verdade, de poder cobrar seu preço no mesmo lugar em que se pretende que a conquista se tenha concluído. Se hoje podemos falar de uma Psiquiatria biológica é mesmo porque já não é mais apenas a Psiquiatria que está em jogo, mas também diferentes campos da ciência que a ela vêm se superpor. O que se dá a ver é uma identidade psiquiátrica, lá onde se reúnem diferentes tecidos que compõem uma colcha de retalhos, carente de identidade e de concordância entre as partes.

Se, no percurso da análise de um psicanalista, se supõe que o advento de um desejo inédito possam ser encontrados lugar e função, isso se sustenta na condição de poder redizer os significantes que marcaram sua origem, permitindo modificar sua relação com a causa do desejo. Não é também de um redizer que se trata, ao se retomar o que se encontra em jogo na relação entre Psiquiatria e a Psicanálise? Em caso afirmativo, o surgimento da invocação "Não haverá Psiquiatria sem Psicanálise" participa de uma renovação necessária da causa do desejo, não apenas para manter reafirmado o voto de Freud em 1917, mas também para fazer vigorar o compromisso com a perpetuidade do desejo, através da invenção de uma relação.

REFERÊNCIAS

Freud, S. (1924). A perda da realidade na neurose e na psicose. In: _____. *Edição* Standard Brasileira das Obras Psicológicas Completas de Sigmund Freud. Rio de Janeiro: Imago, 2007. v. III.

_________. (1924). Neurose e psicose. In: _____. *Obras completas*, volume 16, O ego e o Id, "autobiografia" e outros textos (1923-1925). (P. C. Coelho, trad.), vol. 16, pp. 158-164). São Paulo: Companhia das Letras, 2011.

_________. (1917). Psicanálise e Psiquiatria. Conferência XVI. In: _____. Conferências introdutórias sobre Psicanálise. *Edição* Standard Brasileira das Obras Psicológicas Completas de Sigmund Freud. Rio de Janeiro: Imago Editora, vol. XVI,1996, pp. 251-263.

Kraepelin, E. (1827-1883). *Compendium der Psychiatrie*. Leipzig: Abel. Traduzido inicialmente para o português e publicado pela primeira vez em 1905, na revista Arquivos brasileiros de psiquiatria, neurologia e ciências afins.

Lacan, J.(1975-1976*). O seminário, livro 23: o sinthoma*. (Sérgio Lima, trad.). Rio de Janeiro: Jorge Zahar Editor, 2007.

_________. (1974-1975). *R.S.I. Lição de 8 de abril de 1975.*

_________. (1971-1972). *...Ou pior. Seminário XIX*. Salvador: Espaço Moebius. Publicação não comercial

_________. (1962-1963). *O Seminário, livro 10: A angústia.* (Vera Ribeiro, trad.) Rio de Janeiro: Jorge Zahar Editor, 2005.

_________. (1955-1956). *O Seminário: livro 3: As psicoses.* (Aluisio Menezes, trad.) Rio de Janeiro: Jorge Zahar Editor, 1985.

Maleval, J-C. (1980). Prólogo. Delírio histérico no es delírio dissociado. In: _____. *Locuras históricas y psicosis dissociativas*. Buenos Aires: Paidos, 2005, pp.17-59.

BIBLIOGRAFIA CONSULTADA

Dias, M. M. (2009a). Clínica do psicanalista e apresentação de pacientes. Seminário. *Escola de Psicanálise de Campinas.*

__________. (2009b). inédito. (2009b). A escola da psicose. *Revista Literal.* nº 12. Escola de Psicanálise de Campinas.

__________. (2009c). Seminário em curso: "*Fundamentos da clínica do psicanalista, pelas psicoses*". A partir de julho de 2009, Centro Clínico Pinheiros, SP.

__________. A voz na experiência psicanalítica. *III Jornada Seminário Fundamentos da clínica do psicanalista pelas psicoses.* São Paulo: Zagodoni, 2015.

Porge, E. A apresentação de doentes. *Pulsional: Boletim de Novidades*, n.87, ano IX.

__________. *Jacques Lacan, um psicanalista: percurso de um ensino.* (Claudia T. de Lemos, Nina V. de A. Leite e Viviane Veras, trad.). Brasília: Editora Universidade de Brasília, 2006.

__________. La presentación de enfermos: uma clínica de la presentación. In:______. *Transmitir la clínica psicoanalitica.* Buenos Aires: Ediciones Nueva Visio, 2007, pp. 201- 213.

QUATRO TEMPOS DA VOZ NA EXPERIÊNCIA DE APRESENTAÇÃO DE PACIENTES A PARTIR DA PSICANÁLISE

Eleger o tema da voz para situar a experiência da apresentação de pacientes se conecta como eixo que faz ecoar a presença de Lacan, nesse dispositivo psiquiátrico. Se antes havia apresentação de pacientes aos psiquiatras como forma de ensinamento sobre os quadros clínicos, numa cena escópica congelante, Lacan vai introduzir, a um só tempo, a voz do paciente e a dele, como Outro, ou seja, como analista. Em todas as apresentações de pacientes que dispomos hoje para a leitura, não há nenhuma em que a voz de Lacan não se conecte com o que o paciente falou — com maior ou menor distância.

Nesse sentido, segundo entendo, há uma presença dele que se introduz à base de comentários, tanto quanto de diálogo. O comentário comparece, assim, como causa para o prosseguimento do diálogo. O silêncio é um dos outros elementos que marcaram presença nas apresentações de Lacan. É quando ele dá voz ao paciente. Ao mesmo tempo, o silêncio será encontrado na forma de participação do público, durante as apresentações. E, nesse caso, como condição para que as vozes, do paciente e do psicanalista, sejam escutadas.

A voz se encontra presente nas apresentações de pacientes como elemento responsável pela mutação que ocorreu em relação à tradição psiquiátrica, pelo olhar.

Olhar de confirmação, olhar de exposição, de espetáculo da surdez. O que nessa tradição não comparecia era a voz. No máximo seria para responder a uma anamnese, ou acompanhar as perguntas do psiquiatra. Jamais dialogando, tampouco buscando entrar numa relação de autêntico interesse na escuta pela história do sujeito.

O fato de Lacan ter introduzido o elemento voz na apresentação da pacientes é o que faz dela, apresentação, uma experiência. A partir da Psicanálise essa experiência estará sustentada tanto por uma abertura ao Outro, quanto por se deixar afetar, pela verdade.

Estar aberto para a escuta de vozes dissonantes, algumas refratárias ao diálogo, outras praticamente impossibilitando o diálogo, devido à condição dissociada do discurso, é o que, muitas vezes, encontramos na experiência das apresentações.

Devido aos limites que a escuta das tais vozes promove é preciso estar aberto de uma forma que essa experiência permita ao psicanalista reinventar sua função e seu lugar.

Não é porque Lacan realizou apresentação de pacientes que devemos tratar disso, seja como sinônimo de obrigação de continuar fazendo, seja como crítica a um excesso de consentimento de Lacan à tradição psiquiátrica.

Em primeiro lugar, praticando apresentação de pacientes na referência do que segue articulado, encontram-se cada um daqueles que decidem, escolhendo compartilhar com outros, essa experiência.

Pela experiência que venho mantendo e compartilhando com "alguns outros", reconheço que o sentido de laço se estende — estendendo-se e se esclarecendo como laço de trabalho. Ele se distingue do laço transferencial entre analista e analisante. Ele se diferencia pelo que a noção de laço de trabalho não faz coincidir as iniciativas sobre os tratamentos que são dados, após as experiências de apresentação.

Como terceiro termo, esse laço de trabalho que se introduz pelo efeito da ligação com "alguns outros" toca em algo decisivo na relação com o reconhecimento da alteridade. A presença de cada um, entre esses "alguns outros", suscita a interrogação sobre como estão sendo tratados os efeitos desse trabalho compartilhado. O fato de que cada um dos espaços que se reúnem para realizar apresentações de pacientes não tenham nenhum compromisso assumido, *a priori*, em reinvestir nos efeitos das apresentações, isso não significa que esses efeitos não deixem de comparecer. E comparecem tanto mais quanto vamo-nos tornando surdos ao encontro com o sujeito psicótico. E nos tornamos surdos a partir do momento em que falamos deles, e não com eles. É nesse sentido que se repete, na apresentação de pacientes, tanto quanto nos diferentes diálogos analíticos, o convite inicial de Freud, passando a palavra para que o sujeito pudesse sustentá-las, com sua voz.

É digno de nota que Freud tenha realizado o ato inaugural de passar a palavra ao sujeito, e tenha, ao mesmo tempo, em se tratando de Schreber, reafirmado a mesma aposta por meio de um texto. É com esse gesto que ele passa e transmite a experiência psicanalítica como possível ao sujeito psicótico — passagem essa que o próprio Freud não reconheceu como acessível. Por que ele não pôde fazer isso? Porque estava dentro dela, clinicando pelo escrito. A tal ponto verdadeiro em sua análise do texto de Schreber, que chegou a expressar nele suas preocupações sobre poder ferir os sentimentos do autor das *Memórias*. Aquele que está passando, que está incluído numa experiência de passagem, não tem como falar disso ao mesmo tempo em que vive, em que mantém a passagem. É uma limitação querer contar com a não contradição na obra deixada por Freud. Ele a estava passando para adiante de onde a Psicanálise se encontra hoje; Freud nos lega uma verdade decisiva com relação a ter transmitido o seu mais conhecido caso de psicose, por um escrito. É a posta em ato da ligação entre psicose e escrita, psicose e clínica da escrita e psicose e escrita da clínica.

Uma vez reconhecido o elemento voz, tal como introduzido por Lacan — enquanto termo de mutação da tradição psiquiátrica pelo olhar —, poderemos reconhecer, também, a voz se mantendo presente, estruturando três tempos e um a mais, na prática do dispositivo.

O *primeiro tempo* da voz é quando a condição originária da voz humana se atualiza invocando o Outro, ou seja, constituindo um espaço de abertura e acolhimento, com condições de uma iniciativa compartilhada poder ser levada adiante. A constituição desse primeiro tempo tem uma importância significativa para permitir a constituição de laços de transferência com a proposta. Sem isso não há investimento e continuidade possíveis de se sustentarem.

Esse primeiro tempo é contado a partir do momento em que se dirige uma invocação ao Outro, nesse caso, a instituição para a qual haverá o endereçamento dessa proposta. Ocorre que esse primeiro tempo só é possível de ser contado porque ele é a repetição de um tempo anterior, no qual, "alguns outros" que decidiram trabalhar juntos, responderam sim à invocação de Outro para um trabalho compartilhado.

Existem condições a serem reafirmadas para que esse sim que precede ao primeiro tempo mantenha o trabalhar juntos causado por uma experiência que permite a insistência, e não apenas para cumprir um compromisso. Dentre essas condições se coloca a de situar o primeiro sim a uma proposta com alguns outros, a partir de um sim dado como efeito de ter sido tocado. Ou seja, de apostar na abertura ao Outro, a partir da qual os envolvidos inventam uma ligação que não havia antes. É necessário contar com a presença de conflitos nesse novo laço; caso contrário, tratar-se-ia de um artifício para criar uma complementariedade, onde cada um abdicaria de suas próprias condições em nome de algo supostamente maior.

O *segundo tempo* da voz comparece realizado na montagem do espaço da fala. Por isso, o silêncio do público cumpre um papel decisivo, qual seja, atualizar o silêncio como íntimo à sustentação das palavras. O gesto de convidar a falar introduz a voz do sujeito e a do Outro, como elementos a partir dos quais o sujeito, antes falado pelo Outro da instituição familiar, agora, ele mesmo, passa se contar com suas próprias palavras — tendo assim condições de incluir no discurso as palavras que escolher para falar. Nisso ele se separa da voz do Outro. É dessa maneira, portanto, que, em muitas ocasiões, os sujeitos se apresentam inteiramente diferentes da forma pela qual foram contados para o apresentador.

A prática do dispositivo se realiza nesse segundo tempo em que a voz do sujeito, enquanto sinônima do que permite o encadeamento das palavras, se faz escutar. A um só tempo se barra a voz do Outro sobre o sujeito, como condição para que o sujeito possa ser reconhecido pela particularidade do que tem a dizer.

O segundo tempo da voz, na apresentação de pacientes, é o momento em que o sujeito faz comparecer a queda do peso da voz do Outro sobre si. Assim, o segundo tempo envolve não somente a inclusão do psicanalista no diálogo, mas também a decisão de um sim, por parte do sujeito, para participar dessa experiência.

Esse sim tem um valor decisivo. Ele é a expressão do consentimento, por parte do sujeito, de querer falar e ser escutado por um Outro. Esse sim atualiza, também ele, o primeiro sim dado cada um dos "alguns outros", para participar de uma experiência na qual o sujeito tivesse direito à voz. O segundo sim faz comparecer o tipo de consentimento dado pelo Outro da Instituição, à aposta de se abrir à voz do paciente, num dispositivo de apresentação. O terceiro sim acontece no tempo da colocação em ato, pelo segundo tempo, de um sim originário, qual seja, aquele que afirmava a ligação entre "alguns outros" para que pudesse surgir a experiência de dar voz ao sujeito psicótico, numa instituição onde ele é falado, mais do que fala.

O *terceiro tempo* da voz é o efeito dos dois tempos anteriores, condensados no segundo tempo, tempo esse no qual se desenrolou o diálogo analítico. Por isso mesmo, o terceiro tempo da voz só se inicia após a saída do paciente do local da apresentação e retorno do apresentador para uma reunião com o público.

O terceiro tempo é a colocação em ato de uma lógica ternária que tem como base o chiste. O diálogo entre o psicanalista e o paciente ganha sentido, verdade e poder de transmissão, a partir do público como terceiro. Não somente há uma relação de evocação do público com o coro teatral, mas ainda o que ele permite ao psicanalista é insistir e retomar as estratégias das quais se vale para conduzir o diálogo analítico em tais condições. Sem dúvidas difíceis, no entanto decisivas para abordar, com rigor, os princípios de uma prática que se depara com o peso da voz mortificante do Outro.

O terceiro tempo coloca em exercício a função do retorno daquilo que foi escutado da apresentação. Ele reintroduz a fala do paciente e a do psicanalista pelo só depois. Ou seja, no terceiro tempo escuta-se de novo. Ele faz comparecer um quarto sim que se conta como mais um, atém dos outros três, já que o quarto tempo está para além do local da realização e da retomada da apresentação, e envolve uma decisão para que possa acontecer.

No terceiro tempo, quando há o retorno da fala do paciente, sem sua presença, há um sim que se inscreve como efeito de consentimento e insistência para o retorno do diálogo. Ele pode produzir em Outro lugar, de Outra forma, a realização de um quarto tempo.

São três tempos da voz que se encontram sustentados por quatro sins.

O terceiro sim é aquele que reafirma, pela estruturação do dispositivo, o retorno da fala do paciente, sem a sua presença. Portanto ele introduz a possibilidade de considerar um quarto tempo da voz, pela apresentação de pacientes. Ele poderá ser sustentado como tempo em que aqueles que acompanharam a experiência possam retomá-la em Outro lugar

O *quarto tempo* se distingue porque ele é a realização em ato, para um Outro público, dos efeitos daquilo que se recolheu da apresentação, pela presença e pela escrita. Faz dessa presença escrita da clínica, na medida em que conta com a escrita parcial dos anotadores. É condição para estruturar uma clínica da escrita, entendendo esta última como material dos anotadores, ao lado de uma leitura daquele que transmite para um novo público.

O quarto tempo da voz, tal como segue apresentado, permite acompanhar a sua presença na obra de Lacan *Os Seminários;* em particular o das *psicoses* e o do *Sinthoma* mantêm indicadas diferentes elaborações e passagens das apresentações de pacientes. *Seminários* que foram falados e publicados para a leitura de um Outro público. Tal público surge num quarto tempo, que é o tempo em que se transmite o que se fez desse encontro com as palavras sustentadas pela voz do sujeito psicótico, nos três tempos anteriores, pelo dispositivo.

O quarto tempo da voz é aquele criado como um a mais que é contado pela voz do psicanalista, teorizando sua experiência.

Portanto, o quarto tempo da voz se estrutura por repetição de uma aposta em transmitir a voz que vem afetada, pelo sujeito psicótico, no encontro com um psicanalista. Nessa direção, o quarto tempo da voz atualiza o dispositivo de apresentação de pacientes como uma experiência que é o exercício da clínica psicanalítica, na sua dobradura extensão/intensão.

REFERÊNCIAS

Dias, M. M. *O exterior da inclusão e a inclusão do exterior.* Biblioteca Virtual do Instituto Vox de Pesquisa em Psicanálise. 2018.

_________. *Do relato de caso ao ensino pelo real.* Biblioteca Virtual do Instituto Vox de Pesquisa em Psicanálise. São Paulo, 2009.

Didier-Weill, A. (1995)- *Os três tempos da lei:* o mandamento siderante, a injunção do supereu e a invocação musical (A. M. Alencar, trad.). Rio de Janeiro: Jorge Zahar Editor, 1997.

Freud, S. [1911-1913]. O caso Schreber, artigos sobre a técnica e outros trabalhos. Notas psicanalíticas sobre o relato autobiográfico de um caso de paranoia. In: _____. *Edição* Brasileira das Obras Psicológicas Completas de Sigmund Freud. Rio de Janeiro: Imago, 1996. Vol.. XII, p. 15-89.

Lacan, J. (1975-76). *Seminário. Livro 23. O Sinthoma.* Jorge Zahar Editor, 2007.

_________. Proposição de 9 de outubro de 1967, sobre o psicanalista da Escola. In: J. Lacan. *Outros escritos* (Vera Ribeiro, Trad.). Jorge Zahar Editor, 2003.

_________. (1955-56). *Seminário. Livro 3. As psicoses.* Jorge Zahar Editor, 1985.

_________. *8 presentaciones de enfermos en Sainte.* Diciembre 75-Abril76. (Anne.Silvia Hueso, Trad.). Documento de uso interno dela Federación de Foros del Campo Lacaniano.

FUNÇÃO DA APRESENTAÇÃO DE PACIENTES

NA FORMAÇÃO DO PSIQUIATRA E DO PSICANALISTA

De forma a apreender a função da apresentação de pacientes na formação do psiquiatra e do psicanalista, vou me basear nos quatro tempos que suponho serem possíveis de indicar para a constituição desse dispositivo, hoje.

PRIMEIRO TEMPO

Seja na referência da história da Psiquiatria, seja na da Psicanálise, o nome de Charcot é reconhecido como sendo o responsável pela apresentação das pacientes histéricas de seu tempo, com uma posição diferenciada daqueles que o precederam. Não somente não se tratava mais de possessão demoníaca ou desvio moral, mas sim de insistir na identificação de sinais para a diferenciação dos sintomas; dessa forma, a histeria pôde ser isolada como uma doença do sistema nervoso, ao lado conquistar, por isso mesmo, sua primeira abordagem científica.

SEGUNDO TEMPO

No segundo tempo da história de apresentação de pacientes há uma mudança significativa a ser considerada. Ela só se tornou possível, primeiramente, pelo estágio que Freud fez com Charcot e sua admiração a ele, plena de consequências, a ponto de ter-se oferecido e realizado a tradução para o alemão das *Lições de mardi* (terça-feira), e nela incluído algumas notas, as quais lhe renderam críticas e a separação de Charcot. Onde o mestre francês indicava a causa dos sintomas no sistema nervoso, Freud incluiu o papal da sexualidade na etiologia das neuroses. Sexualidade, desde então, apresentada como fator traumático, e não como sinônima de relações eróticas, segundo a forma pela qual seus detratores a abordavam. Não somente esse segundo tempo pôde ser construído pela história do encontro entre esses dois desbravadores do espírito humano mas, além disso, o sentido da apresentação de pacientes se modificou. Tal se deu porque o que recolhemos a partir de agora é o relato dos casos clínicos de histeria, sua etiologia sexual, e tratamento.

Num primeiro momento entre Freud e Breuer, do qual se desligou, nos *Estudos sobre* histeria, e em seguida por meio das *Cinco psicanálises* conduzidas por Freud, ocupando lugar de destaque a primeira delas, o caso Dora. Trata-se de apresentação das pacientes histéricas fora do anfiteatro da Salpetrière. Não há mais um palco, tampouco um tablado de professor para a exposição dos pacientes, segundo um olhar previamente orientado por um saber, ou em vias de se formar nele. Doravante é a escuta que conquista a atenção para o discurso marcado por sintomas, intervindo neles, pela transferência, com a interpretação. Como afirmou Lacan, em 1977 (*Propos sur l'hysterie*): "Freud foi sugado pelas histéricas para a noção de inconsciente, ele inaugurou um modo inteiramente novo da relação humana... Ele foi afetado pelo que elas lhe contavam"(p.4).

Para acompanhar esse terceiro tempo é preciso ressaltar que ele se diferencia pela presença de Lacan, numa condição de retorno a uma tradição que evoca o primeiro tempo, ainda que agora se trata da apresentação de pacientes psicóticos, por um psicanalista, desde a retomada das contribuições de Freud. A posição de Lacan se distingue daquelas das apresentações de pacientes realizadas habitualmente pelos psiquiatras, não somente por ter se inspirado nas descobertas freudianas para a escuta, mas também pela separação que havia realizado de seu "único mestre em Psiquiatria", Clérambault. Tal como aconteceu com Freud em relação às notas incluídas na tradução da obra maior de Charcot, a separação entre Lacan e Clérambault foi devido à publicação do artigo *Estrutura das psicoses paranoicas*, de 1931, onde ele diverge de seu mestre ao não separar as psicoses passionais do quadro das paranoias. No avanço de seu percurso para a apresentação de pacientes uma outra separação será decisiva: a com Henri Ey, que sustentava em 1945 o que havia de mais avançado na Psiquiatria, seu "organodinamismo".

Afirmei antes que Freud fora sugado pelo inconsciente por meio das histéricas, mas no caso de Lacan, em suas próprias palavras, ele foi sugado para a Psicanálise através de sua paciente psicótica, Aimée (*Seminário Ou pior*, 06/01/1972).

Neste terceiro tempo da apresentação de pacientes podemos identificar duas mudanças. A primeira, tendo como referência a tradição inaugurada por Charcot, implica a passagem do olhar para a voz, ou seja, a ênfase passa a ser dirigida ao discurso do paciente, com o qual se mantém um encontro sustentado pela criação de um dispositivo, baseado no chiste e no teatro. Pelo chiste, recolhemos a importância da inclusão do terceiro como lugar e elemento real que sustenta um mais além do que é dito entre o apresentador e o paciente. Isso porque é do público que se manteve em silêncio durante a apresentação que irão surgir os primeiros comentários, dirigidos ao apresentador, como retorno do que foi falado, do que se recolheu nessa experiência de diálogo com o psicótico, e não sobre ele. A função do terceiro no chiste é sancionar que algo se passou para além do que foi dito, ou seja, houve o surgimento de algo novo na fala. É, portanto, no público, deixando se tocar pelo que é falado pelo sujeito psicótico, que se atualiza o lugar do teatro, não mais como espetáculo, mas como experiência vivida pelo espectador, sendo Outro, acompanhando o que está sendo dito pelo ator, abdicando de si mesmo.

A segunda passagem que se realiza com a introdução de um dispositivo para a apresentação de pacientes tem a ver com admitir que essa clínica só pode ser ao preço de uma submissão inteira, mesmo que seja avisada, às posições propriamente subjetivas do doente, posições que se busca muito frequentemente reduzir, no diálogo, ao processo mórbido, reforçando então a dificuldade de penetrá-las devido a uma reticência provocada, não sem razão de ser, no sujeito (*De uma questão preliminar a todo tratamento possível da psicose*, 1957).

Em outras palavras, há uma clínica que se renova, desde as apresentações de pacientes, ao reafirmar o passo de Freud de se deixar levar pelas histéricas e criar uma nova forma de tratamento. Assim, as apresentações de pacientes portam em si mesmas, pelo dispositivo, a função de reinventar o diálogo analítico a partir do encontro com o sujeito psicótico, num Outro lugar. A importância dessa experiência se dá, para o psicanalista, mas também para o psiquiatra, ao ressaltar o que cada um deles deve saber: que de uma metade do sintoma é ele o responsável, que não há apresentação de paciente, mas apresentação de um diálogo de duas pessoas, e que sem essa segunda pessoa não haveria sintoma por inteiro (Seminário, livro 12, *Problemas cruciais para a Psicanálise,* 05/05/1965).

Antes de passar ao quarto tempo, gostaria de retomar um dado de experiência das apresentações. Ela tem a ver com estar atento para o fato de que, quando a apresentação é feita por alguém que se apresenta como psicanalista, isso não garante a realização do dispositivo, tal como descrito. Da mesma forma, não significa que o apresentador sendo psiquiatra vá se deter em sua tradição histórica, interrogando o sujeito desde a relação com a realidade. Antes ainda, trata-se de ser alguém que excede suas qualificações habituais como profissional, já que o que importa nessa experiência é não ter uma postura defensiva em relação ao chamado louco: não o abordar a partir um saber antecipado, com negligência em relação ao que é dito, centrando-se somente nos dados biográficos, tampouco fazendo perguntas para verificar a relação com a razão mais além, pois se trata de uma abertura advertida. Advertida de que se está conversando com alguém que não é qualquer pessoa internada no serviço, mas que foi escolhida para estar lá, e se dispôs a isso, ou seja, ela tem interesse em ser escutada. E é assim que se poderá obter como efeito um encaminhamento diferenciado em relação ao tratamento que vem sendo dispensado, quando for o caso.

Não basta estar disponível para realizar apresentação de pacientes como sinônimo de abertura interessada no assunto; é preciso uma formação e uma insistência para criar as condições de estar à altura do que o dispositivo cobra. E o que ele cobra como atenção ao discurso, diálogo, retomada e revisão das condutas terapêuticas é possível de ser praticado hoje? As instituições de internação se encontram em condições de investir nesse tipo de iniciativa e sustentá-la?

QUARTO TEMPO

Basta um pouco de familiaridade com os serviços públicos do Brasil, particularmente os voltados aos tratamentos psiquiátricos, com ou sem internação, para constatar o excesso de demandas, assim como os pedidos de licenças médicas dos profissionais, muitos dos quais em estado de exaustão. Na maior parte das vezes, falar de apresentação de pacientes implica ter de dedicar mais tempo ao trabalho, reduzindo significativamente a presença de profissionais que estão envolvidos no tratamento do paciente apresentado. Some-se a isso uma tendência generalizada de confusão diagnóstica, ao lado de uma atenção mais dirigida a se deter na medicação, tanto quanto em saber se vai-se dar alta, ou não, para o paciente. E se for dar alta, indicá-lo para continuar o tratamento onde, e baseado em quê? Muito dificilmente se tem possibilidade de ir além disso, produzindo, por exemplo, uma continuidade de atenção aos pontos levantados na discussão.

Por outro lado, quando se consegue realizar as apresentações de pacientes nos hospitais públicos, nota-se que, aos poucos, um novo interesse começa se produzir, para alguns. É uma condição necessária para que possa existir a oportunidade de gerar efeitos terapêuticos nessa experiência. Tais efeitos não devem ser tomados somente como sinais de mudança que se produziram a partir do diálogo, de forma visível. Interessa acompanhar se esses efeitos puderam ser mantidos e avançados. Isso porque, em se tratando de uma parceria que se monta com o dispositivo, significa que os efeitos também se produzirão do lado daqueles responsáveis por manter o tratamento, depois da apresentação.

Para tanto, de forma a acessar a intimidade das questões na clínica com as psicoses, desde o dispositivo, é importante se deter no acontecimento desencadeador da psicose, porque é ele que vai revelar a forma que o sujeito encontrou para lidar com a invasão que sofreu. E importa saber se essas condições para lidar com os fenômenos de invasão se modificaram, ou não. Isso porque um dos pontos a que se visa nesse diálogo é poder reconhecer como o sujeito se implica no que conta dele mesmo. Afinal, qualquer responsabilidade futura se encontra na dependência de se manter em condições sustentáveis, mesmo que com abalos, o que não implica necessariamente sua exclusão do laço social. Ao contrário, há sempre a possibilidade de fazer com que um banco de três pés se mantenha firme para o resto da existência.

Em que sentido, desde então, a apresentação de pacientes mantém uma função na formação do psiquiatra e do psicanalista? Tal pergunta só pode ser respondida, de forma inicial, se se reconhecer que a apresentação de pacientes surgiu, com Charcot, para dar ouvidos àquelas que vinham apresentar o que não anda, o que não se resolve com o que se tem à disposição. Que a resposta tenha vindo primeiramente através de uma localização cerebral não impediu chegarmos ao ponto de avanço em que chegamos.

A possibilidade de o dispositivo de apresentação de pacientes cumprir uma função para a formação do psicanalista, tanto quanto do psiquiatra, se encontra diretamente ligada ao reconhecimento de que as condições de tratamento que dispensamos não é suficiente; que há uma complexidade que exige, mesmo com as medicações de última geração, haver-se com uma expressão do sujeito que nos escapa, que fracassamos diante dela. Ponto em que o psiquiatra, assim como o psicanalista revelam, cada um à sua maneira, a forma de lidar com o impossível. Tal resposta decide por uma ética.

DO RELATO DE CASO AO ENSINO PELO REAL

INTRODUÇÃO

A prática de discussão clínica, a partir de casos que são apresentados a um público restrito é uma tradição compartilhada por algumas instituições psicanalíticas. Tem-se como objetivo, nessas ocasiões, discutir uma série de questões que, ora são privilegiadas pelo relator, ora são destacadas pelo público. Acredita-se que esse tipo de iniciativa possa tanto trazer uma vivacidade que o ensino teórico muitas vezes encobre, quanto constituir um momento em que os praticantes trocam entre si os impasses e as questões que são próprias às suas experiências. Vale indicar um conjunto de pontos que merecem esclarecimento:

1º. A noção de caso clínico é fundamentada primeiramente na tradição que "As cinco psicanálises", de Freud (1910/1970), mantêm na obra do fundador da Psicanálise. Contudo, é preciso observar que não há uma posição firmada sobre o que de fato pode ser indicado como sendo " o caso clínico", nos relatos de Freud. Isso porque a noção de caso clínico se modificou a partir da retomada, por Lacan, da prática freudiana. Seja porque ele destacou somente algumas passagens no relato de Freud, prescindindo de boa parte do que foi descrito, seja porque, desde essa retomada, a inclusão de casos clínicos foi estabelecida de Outra forma. Esta vai desde uma subtração dos detalhes a que Freud se via concernido a descrever até o ponto em que, retornando à Tese de doutorado, verifica-se que foi apenas Aimée que conquistou, num período de entrada na Psicanálise, um relato extenso da história de vida. Sem me estender em mais detalhes sobre o sentido dos relatos das *Cinco psicanálises*, pode-se constatar que não somente Freud fez questão de revelar a eficácia da Psicanálise pelos casos clínicos; mais além, ele nos permite aprender com seus erros, desde onde os impasses da condução do tratamento se elevam à condição de verdade. Nesse sentido, o caso é aquilo que faz decair a noção de entendimento e aprendizagem lineares. O caso passa a ser concebido como aquilo que cai, através do que é destacado na leitura do apresentador. Isso decide pela colocação em exercício de uma leitura do psicanalista, responsável pela apresentação. Ponto a partir do qual cada um revela sua posição na clínica, de maneira a permitir um compartilhamento de questões.

2º. A concepção que orienta a ideia de relato de caso introduz a necessidade de precisar o que decide pela apresentação de um caso em que o tratamento está em andamento ou foi interrompido. É importante ressaltar que a concepção de transferência que se encontra em jogo nessas alternativas não é coincidente. Portanto, os desdobramentos da elaboração sobre a transferência dos tratamentos relatados também não participam das mesmas consequências.

Soma-se a isso o fato de que o sigilo mantido sobre o nome do paciente não deve ser sustentado somente como uma espécie de preceito ético que zelaria pelas condições que devem acompanhar tais encontros. Uma retomada, ainda que breve, dos nomes utilizados por Freud para nomear os casos clínicos revela que a decisão por uma outra nomeação participa, também, da conservação de um fantasma. Com exceção do caso Schreber, a nomeação dos casos clínicos fixa o sujeito numa posição, ou questão, considerada decisiva.

Reduz-se, assim, de forma acentuada, a possibilidade de destacar outros momentos, ou questões, que mais bem expressariam a dinâmica dos conflitos. Resta ainda interrogar até que ponto o zelo pela mudança de nome durante o relato clínico não se encontra bem mais orientado em relação a uma falta de ética, presente em muitos espaços institucionais, que é promotora de uma fala sem censura, no cotidiano, sobre os tratamentos. Considerada nessa direção, a mudança de nome do caso apresentado mantém uma questão ética sem condições de ser abordada. Essa questão participa, de forma decisiva, para colocar impedimentos ao avanço sobre o passe, uma vez que a discussão sobre esse procedimento exige a prática de relações que estejam à altura de preservar o sigilo dos envolvidos.

3º. Pelo que foi exposto até aqui, o relato de casos clínicos não se resume a uma iniciativa em que o psicanalista se disponibilizaria em falar da sua clínica, tão somente. Mais do que isso, trata-se de articular, também, as condições para que a clínica psicanalítica possa conquistar a condição de inclusão de "alguns outros", os quais Jacques Lacan integrou na definição da autorização do psicanalista, qual seja, "o psicanalista só se autoriza a partir dele mesmo e de alguns outros"(1973-74, p.188). Para contemplar um esboço de elaboração sobre o que se encontra em jogo nesse princípio, é preciso lembrar que, diferentemente do que tendemos a imaginar, não se trata de manter, como se fosse um valor que lhe é coextensivo, pela experiência da Psicanálise, a noção de vida privada. É sobre o que nos adverte Jacques Lacan (1967-68), na Lição do dia 27 de março de 1968, no Seminário XV, "O ato psicanalítico." Diz ele:

> Fala-se de vida privada. Sempre me surpreende que essa expressão 'vida privada' não tenha interessado a ninguém, especialmente aos psicanalistas, que deveriam estar particularmente interessados nisso. Vida privada... de quê? (...) Por que ela *é* tão privada esta vida privada? (...) A partir do momento em que se faz uma análise, não há mais vida privada (...) (p.172-273).
>
> Isso não quer dizer que ela se torne pública. Há uma comporta intermediária: *é* uma vida psicanalisada ou psicanalisanda. Não *é* uma vida privada.
>
> (...) Afinal, por que será tão respeitável essa vida privada? Vou dizer. Porque a vida privada *é* o que permite manter intactas essas famosas normas que, a propósito do chalé na montanha, eu estava em vias de jogar pelos ares. (p.273)
>
> (...) Mas que um analista, por exemplo, possa manter o que acabo de definir como sendo o estatuto da vida privada *é* alguma coisa! *É* justamente porque o analista não tem mais vida privada que *é* melhor, com efeito, que ele mantenha muitas coisas reservadas. Quer dizer, se ele tem, ele, que saber em que lugar ele já estava na vida de seu paciente, a recíproca não *é* forçosamente necessária (p.273).

Se não se trata de zelar apenas pelas condições que preservariam a noção de vida privada, no sentido em que alguns dados sobre a história do paciente não deveriam ser trazidas a público, é mesmo porque, nessa direção, dedica-se apenas a acentuar a preservação das normas de apresentação, e não mais da posição do psicanalista na condução da transferência. Perde-se, assim, a possibilidade de articular o nome próprio numa acepção que vai para além de uma identidade social do paciente. Ao mesmo tempo, há uma tendência de suspender os comentários sobre a maneira pela qual a transferência foi constituída antes do pedido de análise, o que pode permitir, ou não, um desembaraçamento do psicanalista junto às questões que lhe são dirigidas.

Partindo do princípio de que um relato de caso envolve uma estrutura ternária, o psicanalista relator, o paciente relatado e o público, é verdade também que a própria existência dessa estrutura decide, para sua execução, uma suposição de haver psicanalista, no caso, aquele que relata o caso clínico. A condição de essa suposição ser necessária, ao mesmo tempo em que pode ser colocada em questão pelo relato, não esgota o conjunto de problemas envolvidos. Isso porque, numa instituição voltada a dar sustentação à formação do psicanalista, deve-se reduzir a proliferação de discursos que tendam a promover identificação com o desempenho da função de psicanalista. É uma das formas possíveis de manter o psicanalista como um conceito a ser decantado por cada um. A imputação de preciosismo a essas observações somente faz sentido de ser mantida quando se perde de vista que, mais do que acreditar que um psicanalista dá provas de seu lugar através de relatos de casos que conduz, a função de psicanalista se sustenta através do tipo de tratamento que ele dispensa ao real. "Não *é* de forma nenhuma do analista que depende o advento do real. O analista tem por missão contrariá-lo", lembra Lacan, no texto *A terceira* (1974, p.20). Nesse sentido, não se trata mais de cultivar nenhum tipo de desempenho eficiente com o real. Ao contrário, são os impasses que advêm a partir dele que o psicanalista, diferentemente do cientista, inclui a angústia como íntima à sua práxis, ao mesmo tempo em que passa a considerar que o futuro da Psicanálise depende de poder abordar, com seriedade, o fracasso, como fracasso íntimo ao simbólico, condição essa que, mais uma vez, o distingue do cientista. Por isso mesmo, um psicanalista insistirá em cultivar um tipo de saber que se aproxime da possibilidade de levar a sério os impasses que são próprios à sua função, quando confrontado com a emergência do real, pelo sintoma. Para tanto, duas indicações de Lacan no Seminário *"O saber do psicanalista"*, na lição do dia 4 de novembro de 1971, permitem estender o que aqui se encontra afirmado:

(...) não é absolutamente suficiente compreender algo para que esse algo mude. A questão do saber do psicanalista não é absolutamente que isso se articule ou não, a questão é saber em que lugar é preciso estar para sustentá-lo (p.24).

Um saber que não se aguenta, o saber da impotência, eis o que o psicanalista, numa certa perspectiva, uma perspectiva que não qualificarei de progressista, eis o que a Psicanálise poderia veicular. (p.25).

No tocante ao lugar do psicanalista, vale notar que ele se encontra diretamente relacionado com a concepção que se mantém da clínica psicanalítica. Quando reafirmamos, com Lacan, na *Abertura da Seção Clínica*, de 1977, que a clínica psicanalítica é o real enquanto o impossível de suportar, podemos nos dar conta de que a impossibilidade se encontra presente tanto no tratamento dispensado ao sintoma, quanto na própria função do psicanalista. Tais desdobramentos introduzem a necessidade de levar em consideração a reinvenção como condição do exercício da clínica do psicanalista. Não somente como repetição de uma das célebres afirmações de Lacan, qual seja, a de que "o psicanalista seja forçado a reinventar a Psicanálise" (Congresso sobre a transmissão, Paris, 1978, s.p.). Mais além, trata-se de considerar que a invenção, diferentemente da criação, "não é um criar a partir do nada, como Deus com o *fiat lux*, senão fazer o achado de algo que já existia num discurso, mas que não era visível nem estava nomeado"(s.p). Por isso mesmo, como lembra Erik Porge (2007), em *Transmitir la clínica psicoanalítica*, quando Lacan afirma que inventou o objeto a, ele o faz indicando que:[22] "Se algum dia inventei o objeto a, *é* porque está escrito em Trauer und Melancholie."(p.218)

A abordagem do real, pela invenção, desde a clínica psicanalítica, é o que permite dar um tratamento à sua emergência, que não se sustente num sentido, chamado religioso, comprometido em recobri-lo.

A clínica psicanalítica pela invenção permite abordar um conjunto de práticas que a ela se relacionam enquanto sua atualização. É o caso que se pode recolher daquilo que habitualmente se nomeia como clínica do passe, enquanto prática de um dispositivo que, mais do que privilegiar uma execução do procedimento, trata de ressaltar as diferentes consequências que ele produz, uma vez que, como significante, o passe interroga o tipo de solução dispensado à questão da autorização dos psicanalistas, assim como a natureza do laço social que os reúne.

No tocante ao que aqui se pretende dar relevo, vou procurar mostrar que há uma clínica da apresentação de pacientes e que essa clínica se sustenta, pelos fundamentos da clínica psicanalítica, como invenção.

A apresentação de pacientes é o momento em que se realiza o encontro com o louco, o chamado psicótico. A apresentação de pacientes, depois de Jacques Lacan, não é mais a mesma da época da

[22] Cf: (...) "*si j'ai un jour inventé ce que c'était l'objet petit a, c'est que c'est écrit dans Trauer und Melancolie*". Conférence à Louvain, le 13 octobre 1972.

Psiquiatria clínica. A apresentação pelo discurso do mestre implica o silenciamento do sujeito. Trata-se somente de aprender, pela manifestação da loucura, a fazer corresponder, ilustrar, pela imagem, um saber já dado. Não somente Lacan introduziu a dimensão da voz do sujeito, sua fala, sua escuta, mas também permitiu que o louco, agora pela Psicanálise, pudesse transmitir um dizer — diante de um público que não está mais ali somente para confirmar um saber. Ao contrário, são os impasses da elaboração que vão retornar na discussão após a saída do paciente. Portanto, pelo público, temos o retorno da verdade do que foi dito. Se é verdade que o apresentador não se coloca desde o início na função de psicanalista, é mesmo porque, para tanto, ele depende do consentimento do sujeito, e é verdade também, que seu lugar está colocado antes da apresentação — pela transferência do hospital, com o trabalho psicanalítico de apresentação de pacientes. Tal condição permite à equipe técnica do hospital, que participa do trabalho, se valer das questões e dos esclarecimentos relativos ao paciente, introduzindo uma outra orientação para o tratamento. Nesse sentido, pode-se verificar que a apresentação de pacientes é, a partir de Lacan, uma invenção clínica. Isso porque ela atualiza a presença do paciente, do psicanalista, do público e do hospital.

Existem dois públicos nessa experiência. O primeiro é constituído por um público que participa da discussão, após a apresentação. Num primeiro momento ele é silencioso durante as apresentações. É constituído por pessoas que se dedicam ao trabalho com as psicoses, em nosso caso, com mais duas instituições: uma psiquiátrica, outra psicanalítica. Esse público, que se divide entre três instituições e alguns convidados, vai fazer constar a alteridade para o que foi dito. Alteridade essa que, pela discussão clínica, participa da inclusão do real que vem das psicoses, no saber. Não foi por acaso que, em diferentes *Seminários*, Lacan elabora a partir das psicoses enquanto experiência que vem da apresentação de pacientes. Não somente as psicoses participam em diferentes momentos dos *Seminários* ilustrando conceitos; elas têm lugar, também, como elemento que faz avançar o campo dos conceitos, pela experiência. Pela invenção, ou seja, pela insistência em falar com as psicoses e não mais sobre elas. Dessa maneira, pode-se evocar a importância do lugar e da função que Whilhem Fliess e Aimée ocuparam para Freud e para Lacan. Ainda que haja uma diferença significativa entre cada um desses autores com as psicoses, é verdade também que foi a partir da experiência com elas que cada um deles se viu levado para a Psicanálise. O encontro com as psicoses permitiu que uma passagem fosse inventada. Enquanto passagem para a Psicanálise.

O segundo público da apresentação de pacientes é aquele que se divide. Uma parte desse público leva adiante, em Outro lugar, fora daquela reunião, os efeitos de terem participado como público. O público dos técnicos do hospital, por exemplo, levam os efeitos tanto para a relação com o paciente quanto em suas vidas pessoais, se for o caso. Um Outro público é aquele que se divide entre os membros das diferentes escolas que participam desse trabalho. Em nosso caso, o grupo de trabalho com as psicoses é o lugar onde nasceu a ideia de realizar a apresentação de pacientes, segundo as condições apresentadas para um trabalho psicanalítico. Após as apresentações, reúnem-se as anotações que foram feitas, por quatro membros do grupo das psicoses, do paciente apresentado. O trabalho inicial consiste em comparar as diferentes anotações, reunindo-as com lembranças da apresentação. Um primeiro elemento se destaca. Não há um texto. Há textos fragmentados. Fragmentos esses que são a marca do que restou do encontro, enquanto público, com o paciente. O anotador não é o psicanalista que entrevistou o paciente. Portanto, a escrita da fala, pelo anotador, implica a escrita da fala. Daquilo que restou dela, fala, pelos traços de escrita. O trabalho de cada um dos anotadores passa, a partir de então, a ser utilizado em uma Outra discussão clínica, realizada na escola, pela seção clínica.

Os anotadores, no encontro promovido pela seção clínica, participam como aqueles que introduzem as questões, a partir do trabalho das anotações. Ou seja, o chamado caso, agora paciente de fato, com nome próprio apresentado em público, é retomado pelas questões que promoveu e pelo que isso permite articular em termos de clínica psicanalítica.

Uma das modalidades de ensino pelo real se sustenta pela articulação da clínica de apresentação de pacientes. Isso porque, desde a clínica de apresentação de pacientes, o real retorna em quatro lugares. O primeiro se revela na condição da clínica psicanalítica em ato, ou seja, ali o encobrimento do sentido falha. O segundo reúne os efeitos que o real do discurso atravessa no público. O terceiro se refere aos efeitos que são produzidos no paciente apresentado. E ele vem como terceiro, porque é desde aí, ou seja, a partir da presença do psicanalista e do público, que sua fala ganha sentido. O quarto se refere ao retorno, pelos traços de escrita, do discurso. Trata-se, portanto, de uma clínica que visa introduzir o paciente, pela escrita. Pela escrita do real, enquanto impossibilidade de dar sentido ao que vem da psicose. Encontra-se aqui o fundamento de um ensino que vem pelo real da clínica, enquanto real das psicoses. E esse ensino se qualifica pelo fato de que ele não ensina. Ele não ensina um saber já dado. Ele ensina pelo estilo. Pelo estilo da psicose, como condição de transmissão de seu dizer e enquanto estilo de abordar o que vem das psicoses, enquanto psicanalista.

Uma pergunta se justifica: qual o estatuto do saber que se conta para abordar o ensino, pelo real?

Afinal de contas, o real como impossível de simbolizar introduz impasses. Impasses na elaboração. Por isso mesmo, desde a estrutura quaternária que foi apresentada na clínica da apresentação de pacientes, o tecido em que se elabora não é mais o mesmo da estrutura ternária do relato clínico. O tecido sendo constituído, agora, pela escrita, implica fazer uma passagem. Passagem essa que inclui o real, pelo traço, e não mais pela fala. Traço de escrita como escrita do real — escrita do real que se sustenta pelo nó borromenano — nó borromeano que, por sua vez, pretende dar conta do sentido do real. Como lembra Lacan no *Seminário O Sinthoma*: "É fazer o que fiz efetivamente, e nada mais – seguir o rastro do real, que consiste e que ex-siste apenas no nó." (p.64).

A condição de se valer da clínica de apresentação de pacientes, como forma de incluir o ensino pelo real, se encontra como uma das possibilidades de decisão, na transferência com Lacan. Isso porque não se trata de se dedicar à apresentação de pacientes porque Lacan as realizou. Tampouco de se manter crítico com essa prática, sem ter condições de distinguir uma apresentação de pacientes, pela Psiquiatria, e outra, pela Psicanálise. Trata-se, sim, de se decidir por levar adiante uma experiência que coloca o psicanalista e a Psicanálise em questão. Ela não é o único modo de realizar isso. Contudo, nesse caso, ela permite introduzir um Outro tipo de problematização entre os pares que não conte com o discurso corrente. Seja pelo sentido corrente, cotidiano do discurso, seja no sentido do saber que corre como já constituído, na Psicanálise.

O ensino pelo real é o nome de uma aposta. Uma aposta que implica incluir a impossibilidade, o sentido, o fora do sentido e o sem sentido, como constituintes de cada um.

REFERÊNCIAS

Freud, S. (1910). Cinco lições de psicanálise. In:_____. *Edição* standard brasileira das obras psicológicas completas de Sigmund Freud. Rio de Janeiro: Imago,1910, vol.XI.

Lacan, J. (1978). Congresso sobre a transmissão. *In: Documentos para uma Escola II: Lacan e o Passe. Letra Freudiana*, 1995, ano XIV, n. 0, p. 311-315.

_________. Abertura da Seção Clínica. *Opção Lacaniana,* nº 30, abril 2001, pp. 6 – 9,1977.

_________. (1975-76). Joyce e o enigma da raposa. In: _____. *O seminário: livro 23: o sinthoma*. São Paulo: Zahar, 2005.

_________. A terceira. *Opção lacaniana*, 62, São Paulo: Edições Eolia, 1974.

_________. (1973-74). Os não-tolos vagueiam. Salvador, BA: Espaço Moebius, 2016 .

_________. *Conférence à Louvain, le 13 octobre 1972*

_________. (1967-68). O ato psicanalítico. In*: Seminário livro XV. Notas de curso. Lição de 27 de março de 1968*. Escola de Estudos Psicanalíticos.

_________. *O saber do psicanalista. Seminário 1971/72.*

Porge, E. *Transmitir la clínica psicoanalítica*. Buenos Aires: Nueva Visión, 2007.

O PIOR CEGO É AQUELE QUE NÃO QUER ESCUTAR: RELAÇÕES ENTRE O OLHAR E A VOZ EM PSICANÁLISE [23]

INTRODUÇÃO

O ditado popular "O pior cego é aquele que não quer ver" transmite com clareza que o pior cego é aquele que não quer enxergar o que está diante de seus olhos. E ele assim se mantém, diante de um outro que admite a verdade como decisiva. A tal ponto que, somente se fazendo de cego, como pior cego, o sujeito deixa de admitir a verdade diante de seus olhos, totalmente possível de ser reconhecida.

É notável que a tradição popular tenha feito comparecer um elemento em comum com a psicanálise, qual seja, a admissão expressa, em cada um dos termos que compõem o ditado, da existência de uma cegueira que é produzida com o objetivo de não ver, de não ser afetado pela verdade. A verdade é vista através de um elemento que vem barrar, impedindo que o sujeito se mantenha com as mesmas convicções, os mesmos pontos de vista e sentidos. Se ele não tem mais como continuar vendo o mundo, experimentando-o da mesma forma, na mesma posição, depois de entrar em contato com a verdade, é somente porque ele consentiu em deixar cair a posição de pior cego. É quando passa de pior cego a cego pela verdade. Não foi outra a experiência de Édipo ao final da peça de Sófocles (429 a. C?). Ao arrancar os próprios olhos, Édipo mostra os efeitos produzidos pela

[23] Dias, M. M. Texto: O pior cego é aquele que não quer escutar: relações entre o olhar e a voz em Psicanálise. In: D.Teperman,T.; Garrafa & V. Iaconelli (org.). *Coleção Parentalidade e Psicanálise. Volume 5, Corpo*. S.P.: Autêntica Editora. pp. 53-61.

verdade da qual o homem não pode escapar impune. Pelo mito se revela a punição do assassinato do pai e a transgressão das núpcias com a mãe. Mesmo que Édipo não soubesse, a cegueira virá marcá-lo como impossível de redenção.

Outro ponto de ligação do ditado popular com a psicanálise é que, junto à cegueira do pior cego se fazendo ativamente cego à verdade, há também a cegueira que é efeito do encontro com a verdade. Nesse caso, a cegueira passa da condição do pior cego àquela que é constitutiva de cada um. Iniciar uma articulação que procure mostrar a relação entre o olhar e a voz em psicanálise leva a ressaltar que, devido à estruturação de cada ser falante pela linguagem, a cegueira e a surdez nos são constitutivas. Pela experiência se constata que a linguagem, ao ser condição do inconsciente, determina que aquele que fala não seja coincidente com aquele de quem se fala.

No caso da cegueira, ela se encontra presente nos três tempos da constituição do olhar.

O *primeiro* tempo corresponde à cegueira que é própria aos momentos iniciais do nascimento, produzindo uma limitação da percepção e do reconhecimento dos objetos no mundo ao redor. O recém-nascido enxerga sem nitidez, vendo somente contrastes de cor. Tanto é assim que o tamanho de seu olho é três vezes menor do que o normal. Entre cinco e seis meses a visão começa a se desenvolver de fato, ainda que a plena capacidade de realizar diferenciações demore cerca de mais de quatro anos para se firmar.

A condição de se reconhecer como portador de um olhar só é possível em função dos diferentes tipos de investimento do Outro que permitem ao sujeito se reconhecer como eu, a partir do estádio do espelho (Lacan, 1949/1988), entre os seis e dezoito meses. Nessa experiência de estruturação da imagem "unificada" de si mesmo, o sujeito ratifica que, ao ser olhado pelo Outro, conquista a capacidade de olhar o mundo com os seus próprios olhos. Essa condição irá avançar numa ligação entre o desenvolvimento cerebral e o desejo do Outro que o anima. Pode-se notar que o investimento que o Outro realiza para olhar o sujeito, reconhecendo-o, decide pela possibilidade tanto de olhar para si mesmo, seu próprio corpo, quanto de se fazer ser olhado de forma amada e admirável. Tais momentos de estruturação não vêm sem o investimento da voz: tanto é assim que, mesmo nascendo cego, o sujeito se "verá" pela voz que o identifica e distingue.

O *segundo* tempo se estrutura por via da instalação de um circuito visual que se manifesta na relação da mãe com o bebê. É o tempo da troca de olhares, seja de admiração, seja de interrogação sobre o sentido de algumas manifestações. Fica evidenciado que o circuito do olhar entre a mãe e a criança estabelece uma distinção entre o ver e o olhar. Entende-se aqui que a mãe se faz olhar pela criança com o objetivo de que ela, criança, se dirija à mãe. O olhar introduz a erogeneização, a libidinização do olho pelo desejo, de maneira a que a criança invista suas atenções e apelos no mundo da mãe, estruturado pela ausência-presença desta.

Afirmar que há uma cegueira que é constituída com a mãe é o mesmo que admitir que a criança seja estruturada, investida desejantemente pelo olhar dela. Esse olhar priva o sujeito de ser inteiramente visto. Ele é olhado pelo que de desejo comparece no olhar dela, mãe. Esse olhar, tanto quanto seu desejo, é estruturado por um limite. Ele não é total, ainda que participe, em muitas ocasiões, de uma tendência ao panóptico.

A cegueira que o olhar da mãe introduz tem a ver com a condição de ela ser castrada, daí que olha e investe no filho de forma parcial. A outra parte dele continua cega a ela, assim como ao sujeito, que nela se liga para ser visto, amado e atendido. Mas é exatamente porque a mãe é cega, ou seja, marcada pela castração, que ela abre para a criança a condição de fazer de sua cegueira, a da mãe, passagem para ser visto de Outro lugar.

É o momento da entrada em cena do sujeito, momento esse que é a comemoração de uma perda. O sujeito perde o discurso do Outro a partir do momento em que o ressignifica, sendo olhado, portanto, de Outra maneira — tanto quanto perde a condição de objeto de satisfação e de admiração com quem mantinha uma suposição de precisar se manter num mesmo lugar, para ser amado e admirado.

O *terceiro* tempo de estruturação da cegueira, bem como do olhar, se efetiva a partir do momento em que a parcialidade do olhar não se encontra mais determinada pela correspondência do sujeito ao Outro, mas pelas limitações que lhe são próprias. Assim, tanto a cegueira como a surdez são motivos de um espanto que leva o sujeito a buscar o que foi perdido e que agora comparece como causa de procura de Outra coisa.

Ao seguirmos o ensinamento freudiano somos levados a considerar que a cegueira é efeito de o objeto de satisfação dos primeiros momentos da existência se apresentar por traços, marcas e, por isso mesmo, a alucinação é um recurso do qual o infans se vale para dar sustentação, fugidia, a uma imagem do objeto que lhe promoveria uma satisfação absoluta. Assim, podemos reconhecer que o objeto de satisfação parcial, chamado objeto pulsional, é causa de reinvestimento do sujeito para renovar sua busca constante.

Acompanhando Freud, podemos reconhecer que não é somente a título de inclusão da cegueira na constituição que sua contribuição avançou. Além disso, ele mostrou que há uma relação entre cegueira e voz, estabelecida pelo supereu, enquanto instância definida como responsável pela proibição e causadora de excitação para a transgressão da Lei da linguagem, que é condição do desejo.

No artigo de 1910, intitulado *A concepção psicanalítica da perturbação psicogênica da visão*, ele atribui à cegueira um efeito de punição por ter o sujeito desejado ver uma cena de transgressão da proibição de desejos incestuosos. Ao ter consentido nisso, o sujeito é punido como forma de interromper esse tipo de investimento. Diz Freud:

> Quanto ao olho, estamos acostumados a interpretar os obscuros processos psíquicos implicados na repressão da escopofilia sexual e no desenvolvimento da perturbação psicogênica da visão, como se uma voz punitiva estivesse falando de dentro do indivíduo e dizendo: 'Como você tentou utilizar mal seu órgão para prazeres sensuais perversos é justo que você nunca mais veja nada', é como se, desta maneira, estivesse aprovando o resultado do processo. (p.133).

Uma vez que a voz de punição do supereu aja sobre os desejos incestuosos do sujeito, impedindo-o de enxergar, não somente se reafirma a ligação entre o olhar e a voz, mas, mais além, Freud alude à condição do inconsciente como lugar dos desejos que foram recalcados, afirmando que lá o sujeito continua a ver. Considera que a causa desse tipo de cegueira não é orgânica, daí a possibilidade de tratá-la via abordagem dos desejos recalcados, reconhecendo-os, elaborando-os.

As chamadas curas milagrosas promovidas por alguns médiuns encontram aqui seu fundamento. Prometendo ao sujeito a recuperação da visão, ato contínuo desculpabilizam-no por ter desejado olhar seus desejos incestuosos serem realizados.

Uma vez que a voz e o olhar se mantêm ligados pela presença do supereu como voz que pune com a cegueira, podemos afirmar que tal imperativo – Não verás – é determinante para o funcionamento de órgãos, tais como os da visão. Nesse sentido, o corpo, para a psicanálise, não é coincidente à reunião de órgãos, que se exercitam com maior ou menor competência fisiológica. O corpo é composto por bordas que são libidinizadas, investidas pelo Outro e pelo sujeito, de modo que esses orifícios possam se constituir como zonas erógenas – zonas essas que serão investidas, a partir do desejo do Outro.

Não é preciso se encontrar tão intimamente próximo da Psicanálise para poder admitir que as pulsões escópica e invocante não compareçam sempre ligadas, o tempo todo. Fazer com que o bebê vire seu rosto para olhar na direção do lugar onde reconhece como sendo de origem da voz reafirma a ligação entre a voz e o olhar. Por outro lado, ao colocar a análise na direção do olhar, podemos admitir que o encantamento da criança pelo olhar da mãe, fazendo-se olhar por ela, é uma experiência que se separa da voz como decisiva, enquanto elemento sonorizável. Em contrapartida, ao afirmar que "a paranoia é a voz que sonoriza o olhar, o qual se faz assim prevalente", na sessão do dia 8 de abril de 1975, do Seminário R.S.I.[24], Lacan nos ensinou a condição de comando que a voz pode assumir, retirando de cena o sujeito.

Nessa montagem, que é a da paranoia, o olhar assume um Outro estatuto: que não é mais semelhante ao do pior cego, uma vez que este havia consentido na negação, na recusa ou no recalque da verdade. O consentimento do sujeito à paranoia que o leva a sonorizar o olhar não é igual ao do pior cego. Nesse caso, o poder de decisão ficou obstruído pela presença invasiva do Outro, que faz seu olhar ser sonorizado pela voz do Outro, o qual praticamente decide o que é visto.

[24] "*La paranoïa, c'est pas ça, la paranoïa, c'est un engluement imaginaire. C'est la voix qui sonorise, le regard qui devient prevalente, cést um affaire de congélation dún désir* (...)". p. 69. Lacan, Jacques. R.S.I. (1974-75), Leçon 9, 08 Avril 1975.

Assim, parece ser mais apropriado falar de mártir do olhar, como sinônimo daquele que vê a partir de sua própria invasão. Encontramo-nos, aqui, nos arquivos existentes das pinturas que retrataram as imagens de invasão que anunciavam o fim dos tempos. Os diferentes pintores que se ocuparam de pintar as imagens do Apocalipse fizeram suas obras em telas de grandes dimensões. Por quê?

Estão aí a nos mostrar as diferentes devastações, tanto subjetivas quanto coletivas. As telas são de grandes proporções, tais como são grandes as devastações que estão à nossa volta. Ainda assim, é preciso fazer ver em grandes proporções, de forma a fazer barreira à cegueira que reina à custa de não querer admitir os efeitos da verdade, enquanto aqueles que são também escutados. Portanto, é preciso fazer barreira às vozes que seduzem os sujeitos a se fazerem piores cegos. Agora, devido à ligação entre o olhar e a voz, o pior cego é aquele que não quer escutar. Portanto, em função da relação entre a voz e o olhar, como objeto causa de desejo, o pior cego é o nome da posição do sujeito que curto-circuita, impedindo a ligação do que se vê com aquilo que se ouve.

Uma vez que se trata de olhar, não se considera mais o que é visto, mas sim sua ligação com o querer ver. Freud (1909/1996) mencionou o querer ver como uma atividade típica do olhar, em uma das suas cinco psicanálises, a do caso Hans. Essa criança procurava tocar os genitais femininos, em particular os da mãe, em busca do falo, como sinônimo de objeto faltante, mas que é responsável pela organização de uma crença que vai determinar os diferentes tempos da estruturação do sujeito.

De forma a dar prosseguimento à ligação entre o olhar e a voz, permitindo que se reescreva o ditado popular para "O Pior Cego é aquele que Não Quer Escutar", vale a pena considerar que o olhar e a voz são também comandados por discursos como a propaganda e o marketing, os quais promovem diferentes posições subjetivas para abordar o mundo, implicando-se com ele.

Marx (1867/1966) já havia notado o fetichismo como montagem rigorosa para engendrar o ciclo de produção da mais-valia e do consumo das mercadorias. Por isso mesmo, sua contribuição é decisiva para situar de que maneira, na economia capitalista de mercado, os sujeitos são levados a consumir, seduzidos que estão pelo caráter fetichista da mercadoria.

Em seu texto sobre o fetichismo, de 1927, Freud nos esclarece que "o fetiche é um substituto para o pênis", mas

> (...) não é um substituto para qualquer pênis ocasional, e sim para um específico e muito especial, que foi extremamente importante na primeira infância, mas posteriormente perdido. Isso equivale a dizer que normalmente deveria ter sido abandonado; o fetiche, porém, se destina exatamente a preservá-lo da extinção (p.95).

Nos termos da elaboração freudiana, o fetiche é um objeto que vai cumprir a função de manter a cena da completude da mãe, enquanto um Outro que, assim, garantiria ao sujeito não ter de se haver com os efeitos da castração, como a angústia. Nesse sentido, o caráter fetichista da mercadoria se encontra na dependência de um tipo de instrumentalização do mercado que confere a elas, mercadorias, uma promessa de satisfação inédita, ilusória, tal com o fetiche. Tão mais efetiva é essa promessa quanto mais o fetiche é agenciado ao mesmo tempo pelo olhar e pela voz – agenciamento esse que, ao refazer a ênfase no valor de uso com brilho, compõe uma cena onde as intempéries da vida cotidiana desaparecem.

Nos termos apresentados acima, o olhar e a voz participam como objetos que fixam uma promessa de satisfação. Portanto, ao imobilizar o sujeito numa cena fantasiosa, cumprem a função de objetos que renovam uma aposta pela busca de um gozo sem interdito.

Se o olhar e a voz podem ser transformados em objetos que causam a busca de um gozo inédito, é menos pelo que eles mostram, e mais pelo que sugerem, ou seja, pelo que encobrem da realidade. Então, há uma diferença significativa entre a apreensão do olhar e da voz como objetos-causa de gozo e sua acepção como causa do desejo. Diferentemente da promessa de gozo que fixa o sujeito numa fantasia, a condição do olhar e da voz como causa de desejo os apresenta como responsáveis pelo agenciamento de perda, e não de posse. É somente ao se deixar cair do lugar que ocupava como objeto amado e de admiração para um Outro que o sujeito realiza, por via de diferentes repetições, o avanço na sua particularidade.

Da mesma forma, ao insistir na realização de novas posições subjetivas, o sujeito faz cair o discurso/desejo do Outro que o constituiu. Condição essa em que a renovação de sua aposta não se fundamenta mais na posse de um objeto, mas, sim, pela perda e deslocamento causados por uma busca que é condição de reinvenção.

Só se pode apreender que o pior cego é aquele que não quer escutar na medida em que se admite que a ignorância seja uma das paixões que nos cativa. E ela se torna tão mais dominante quanto mais a cegueira e a surdez se reúnem na comemoração do gozo da estupidez.

REFERÊNCIAS

Freud, S. (1927/1996). Fetichismo. (Jayme Salomão, trad.). O Futuro de uma ilusão, o Mal-Estar na Civilização e outros trabalhos (1927-1931). *Edição* standard brasileira das obras psicológicas completas de Sigmund Freud (Vol. XXI, pp. 92-98). Rio de Janeiro: Imago.

__________. (1910/1996). A concepção psicanalítica da perturbação psicogênica da visão. Jayme Salomão (trad.). In: Cinco lições de psicanálise, Leonardo da Vinci e outros trabalhos. *Edição* standard *brasileira das obras psicológicas completas de Sigmund Freud* (vol. XI, pp.129-134). Rio de Janeiro: Imago.

_________. (1909). Análise de uma fobia de um menino de cinco anos. In: ______. *Edição* standard *brasileira das obras psicológicas completas de Sigmund Freud*. (Jayme Salomão (trad.), vol. 10, pp. 11-134). Rio de Janeiro, RJ: Imago, 1996.

Lacan, J. (1974-1975). *O Seminário 22: R.S.I.*

_________. (1949). O estádio do espelho como formador da função do eu. In: ______. *Escritos*. Rio de Janeiro: Zahar, 1988.

Marx, K. (1967). O processo de produção do capital. In: ______ *O capital: crítica da economia política, vol.1, livro primeiro.* Rio de Janeiro: Bertrand Brasil,1966.

Sófocles of Colonos, (430 a.C?) *Édipo rei.*

BIBLIOGRAFIA CONSULTADA

Agamben, G. Vocação e voz. In: _____. *A potência do pensamento: ensaios e conferências.* Belo Horizonte: Editora Autêntica, 2015.

Dias. M. M. (2019). *Vídeos da Oficina da Voz.* Instituto Vox.

_________. A voz da tanatopolítica. In: André O. Costa, Gabriela G. Costardi, & Paulo C. Endo (org.). *Psicanálise e teoria política contemporânea.* São Paulo: Editora Annablume, 2018, pp.211-220.

_________. A voz do telepata. In: _____. A voz na experiência psicanalítica. III Jornada Seminário Fundamentos da clínica do psicanalista pelas psicoses. *Instituto Vox.* São Paulo: Editora Zagodoni, 2014, pp.153-156. Disponível em:

Didier-Weill, A. *Os três tempos da Lei.* Rio de Janeiro: Jorge Zahar Ed., 1995.

Lacan, J. (1974). Televisão. In: _____. *Outros escritos.* Rio de Janeiro: Jorge Zahar Ed., 2003.

_________. (1969). Notas sobre a criança. In: _____. *Outros escritos.* Rio de Janeiro: Jorge Zahar Ed., pp.369-370, 2003

_________. (1964). *Os quatro conceitos fundamentais da Psicanálise.* Rio de Janeiro: Jorge Zahar Ed., 1986.

Maliska, E. M. *A voz na psicanálise.* Curitiba: Ed. Juruá, 2015.

Musil, R. (1937). *Sobre a estupidez* (Simone Pereira Gonçalves. trad.). Veneza, Itália: Ed. Âyiné, 2016

Sagayama, M. *Ele fala de si como de um outro: ensaio sobre a voz em Samuel Beckett.* São Paulo: Ed. Annablume, 2018.

Vives, J-M. *Variações psicanalíticas sobre a voz e a pulsão invocante.* Rio de Janeiro: Contra Capa, 2018.

_________. *A Voz na Clínica Psicanalítica.* Rio de Janeiro: Contra Capa Ed., 2012.

POSFÁCIO

A TOPOLOGIA DA FRONTEIRA

Luís Carlos Petry

A leitura crítica do texto de Mauro Dias evoca a metáfora dos inúmeros e admiráveis *noturnos de Friedrich Chopin* (1810-1849). Entre 1827 e 1846, Chopin escreveu vinte e um noturnos, dos quais os primeiros dezoito foram publicados e executados durante a sua breve vida. Os noturnos de Chopin se caracterizam pelo uso de um ritmo fluido, usando o pedal para produzir uma sonoridade mais emocional, com notas sustentadas, fornecendo às peças uma aura de drama. Chopin teve como precursor e inspiração o músico irlandês John Field (1782-1837), explorando e ampliando o conceito de noturno e, com isso, o imortalizando.

Assim como os noturnos de Chopin me tocaram profundamente, a leitura de *As fronteiras da psicose,* de Mauro Mendes Dias, me fizeram viajar por um universo inaudito da musicalidade e teoria psicanalítica da paranoia. O livro é organizado em três momentos, que são situados como seções. Na primeira, é percorrido o caminho teórico-clínico aberto pelo conceito topológico de *fronteira* aplicado à paranoia. Na segunda, Dias avança sobre a apresentação de pacientes, discutindo a voz em seu contexto, vinculando-a à participação do analista. Com isso, entra em cena a formação do analista e a apresentação de casos, aspecto fundamental da psicanálise lacaniana. Na terceira parte, Dias enfoca a relação entre música, canto-voz e as dimensões do teatro e da dança, finalizando com o importante projeto *esquipe ponte.*

Se o conjunto dos textos apresentam a musicalidade necessária para se alcançar o campo da abordagem de Dias, em sua concepção, ética, prática e formação em psicanálise, será sobre o primeiro conjunto de textos que gostaria de convidar o leitor a revisitá-los a partir do conceito topológico de fronteira.

Até o momento de contato com Dias e o conjunto de textos do presente livro, como psicanalista e topólogo, eu não tinha ainda vislumbrado a pertinência e amplitude da problemática da *fronteira* em toda a sua dimensão e alcance clínico-teórico. Como dar conta disso em um texto que é, ao mesmo tempo, um dever ético estético, para usar uma linguagem kantiana? A resposta implica uma escolha. E a escolha é a de mostrar as ressonâncias topológico-psicanalíticas que a leitura da abordagem do conceito de fronteira produziu na tela de minha mente.

Como o leitor deve ter percebido, o conceito de *fronteira topológica* é central na abordagem que realiza Mauro Mendes Dias no campo das psicoses, de uma forma perspicaz e, por que não dizer, inovadora. Já na *Introdução,* ele nos adverte que o *determinativo da psicose indica que existem fronteiras próprias em ação na psicose,* algo que ele situa topologicamente como pontos de ruptura na cadeia borromeana que possuem, ao menos, duas consequências. A primeira delas se daria pela invasão do grande Outro, plasmado como a dimensão do *Simbólico,* sobre o Sujeito, no qual a voz que fala e é ouvida pelo sujeito delirante – enquanto seu paradigma modelar. A segunda é a abolição da dialética complementarmente dinâmica entre as dimensões do *Real,* do *Imaginário* e do *Simbólico,* na produção de uma nova estrutura em continuidade entre os três, a qual resulta em um nó de Trevo.

Nesse momento de ruptura, de perda de fronteiras que jogam para fora regiões topológicas fundamentais e reguladoras como *inibição, sintoma* e *angústia,* em uma condição estrutural que *dá suporte a sua posição,* nos delírios, *de pura continuidade.* Ora, na condição borromeana standard e dextrogira, a *angústia* é delimitada pela *inibição*, tendo o sentido como o seu limite-fronteira, havendo um ponto de intersecção delimitador entre cada uma das regiões: *inibição – sentido – angústia; inibição – gozo fálico – sintoma; sintoma – gozo do Outro barrado – angústia*. É como se lidássemos com três arestas de um triângulo que ordena a relação do humano com o mundo e seus semelhantes. Em seus *vértices-pontos* que encontramos os momentos de ruptura e destruição das fronteiras trabalhados por Dias em seu livro.

Nesse ponto, Dias, pensando nos pontos de rupturas da cadeia borromeana, procede como Gauss (1883)[25], que produz secções nos cruzamentos do nó de Trevo, gerando novos conjuntos ou regiões. Será nessa direção que a tese das *fronteiras da psicose* parte das transformações topológicas operadas no nó borromeano Standard-dextrogiro proposto por Lacan[26]. No nó borromeano, que é uma cadeia, sempre teremos uma relação a três, a qual se processa em duas propriedades. A de *sobredeterminação* – do *Simbólico* sobre o *Imaginário,* manifesto em seus dois *sobrecruzamentos,* e a de *subdeterminação*, do *Simbólico* pelo *Real,* manifesto nos dois *subcruzamentos* do *Real* pelo *Simbólico.* O caráter dextrogiro de movimento vetorial da cadeia tem como consequência que o movimento vetorial da

[25] *Zu Geometria Situs* (1833), In: Gauss, Carl Friedrich. *Carl Friedrich Gauss Werke: Band VIII.* Göttingen. Herusgegeben Von der Königlichen Gesellschaft der Wissenchaften Zu Göttingen. In Commission bei B. G. Teubner in Leipzig

[26] Lacan, a partir do Seminário 21, *Les non-dupes errent,* retifica: o *nó borromeano* é uma *cadeia borromeana.* Uma cadeia borromeana é formada dialeticamente pela interação entre três cordas tóricas fechadas. Qualquer nó, como por exemplo, o nó de Trevo, é formado por uma única corda tórica fechada, *em continuidade e "n+1" cruzamentos.*

corda tórica do *Simbólico*, ao avançar sobre o *Imaginário*, em um *sobrecruzamento*, o simboliza e, na continuidade, encontra o *Real* em um *subcruzamento*. Este movimento, o qual é suportado pela cadeia Significante, produz os limites externos que delimitam as regiões topológicas do *sentido* e da *angústia*. A independência entre estes dois campos constrói possibilidades diversificadas de interpretações para o Sujeito, e Dias mostra que a abolição destas fronteira determina que *o grande Outro fale ao Sujeito*, como um para si mesmo, *sem qualquer possibilidade de interpretação, tampouco de equívoco*, plasmando em seu próprio corpo um Outro reificado.

Dias parte da ideia da existência de uma primeira fronteira que é vivida primariamente como corpo no sujeito humano[27]. Ao situar o corpo como a fronteira inicial ou primeira, temos a constituição progressiva da diferenciação entre o Sujeito com e junto ao grande Outro Real (a Mãe). Diz o psicanalista:

"Quando avançamos na direção do ser falante, o conceito se complexifica. Isso porque, nele, as fronteiras só são possíveis de serem abordadas a partir da noção de corpo próprio, o qual, por sua vez, se mantém na dependência da imagem que vem pelo Outro para se constituir" (Dias, 2025:13).

Este exercício, inicialmente imaginário, é construído *"devido a uma ligação possível entre a noção de si mesmo, como eu, e a concepção de corpo próprio"* e, ela se organiza, ao mesmo tempo como a base e o efeito para as relações de proximidade e distâncias[28] para com seu próximo, estranho, possibilitando o *laço de convivência, mediado por leis e discursos*.

[27] Capítulo: *Fronteiras clínicas e políticas do corpo na psicose paranoica*.

[28] Em *cruzamentos* (*K*), os quais, segundo Listing (1847, *Vorstudien zu topologie*), devem ser diferentes de Zero.

Esta perspectiva é crucial e se organiza em várias camadas. Na primeira e fundamental, Dias nos diz que o corpo se constitui na primeira e originária fronteira do humano, o sujeito falante no progressivo advir do que Lacan designou como *falasser.* Como tal, ela se dá na delimitação interativa entre o corpo do *infans* e seu *Outro Real* (a *Mãe*). Ela constitui o corpo como a primeira dimensão a ser experimentada pelo humano[29].

Ora, esta ideia foi proposta pelo mestre topológico de Lacan, Henri Poincaré (1854-1912) que, ao definir e descrever as *n-dimensões,* nos esclarece que a percepção do espaço enquanto tal, das dimensões possíveis construtivamente, na mente e percepção, somente é possível a partir da percepção que se produz progressivamente no humano, de seu próprio corpo, nativamente, como espaço (Poincaré, 1905: 51; 1924: 31)[30].

Aqui Dias segue pari passu com a topologia intuicionista de Poincaré e Lacan: o corpo é o espaço e a fronteira inicial do ser falante. Esta primeira fronteira, o corpo do Sujeito, se constitui como uma fronteira não-linear (Poincaré, 1924) em função da ação das linhas que formam as Demandas e o desejo do sujeito, traçadas pelo toque e pela voz deste *grande Outro Real* (a *Mãe*)[31]. Através desse Outro Real, entra em cena a *voz* e o *discurso.*

E a voz dirigida ao *infans,* seja como cantiga de ninar, de acompanhamento à amamentação, bem como as carícias acompanhadas de linhas que são traçadas no corpo e, ao mesmo tempo, delimitam fronteiras, as erotizam. Nesse aspecto, a fronteira se estabelece como um limite erótico que coloca o sujeito do desejo em andamento, em

[29] A dimensão dois, na qual a superfície se torna um conjunto sensível e interativo.

[30] Poincaré, Henri. (1905) *O valor da ciência.* Rio de Janeiro. Contraponto (1995); (1924). *Últimos pensamentos.* Rio de Janeiro/Paris. Livraria Garnier.

[31] Cf. Lacan, Jacques. Seminário 09, *A identificação.*

movimento e, ainda que estas linhas não possuam espessura, pois são imaginariamente concebidas como de dimensão Um, elas delimitam o espaço do sujeito no advir do falasser em um corpo que era, até então, um espaço amorfo e indeterminado (Poincaré, 1905: 41).

Tudo isso pode parecer um algo de uma extrapolação descabida ou mesmo forçada para o psicanalista. Entretanto esta *construção*, se assim podemos dizer, que reconhece o valor topológico do conceito de fronteira, se encontra fundamentada nas apreensões que, tanto Lacan como Freud, tiveram da topologia. Vale a pena referenciarmos elas aqui. Elas delimitam uma condição e força dialéticas[32] no exercício reflexivo do psicanalista.

No caso, Dias as encontra no conceito de fronteira e, particularmente, na relação topológica que este estabelece entre a política e a paranoia. O acontecer pode se dar de modo que a *relação iterativa* entre o Sujeito e o grande Outro resulte na formação de uma cadeia borromeana com seis *cruzamentos*, os quais são os *pontos-fronteiras* que interessam ao psicanalista[33].

Mas pode acontecer que algo se passe de modo tal que não tenhamos a resultante figurada em uma cadeia borromeana, com seis pontos-fronteiras [cruzamentos], mas sim um nó com três pontos-fronteiras: o nó de Trevo. Na cadeia borromeana, três pontos fronteiras exteriores delimitam e organizam os arcos da estabilidade de três conjuntos-regiões: a *inibição*, a *angústia* e o *sintoma*. O psicanalista mostra que estes três pontos não são encontrados na paranoia: *não encontramos pontos de cruzamento onde as fronteiras se cortam* (p. 69). Os anéis do *Real*, do *Simbólico* e do *Imaginário*

[32] As quais são topologicamente formuladas por Gauss (1833), em sua *Geometria situs*, e por Riemann (1854), em *Sobre as hipóteses em que se funda a geometria*, sua tese de livre docência.

[33] No Seminário 21, *Les non-dupes errent*, na terceira sessão, Lacan igualmente leva a hipótese de que a cadeia olímpica poderia muito bem representar a neurose em geral.

ali se encontram rompidos e, com isso, se produz uma malograda continuidade entre os três registros ou dimensões.

Trata-se da transformação de uma cadeia borromeana em um nó de Trevo, nó privilegiado por Lacan para a representação topológica da paranoia, para a qual Dias nos brinda com uma propriedade fundamental relativa ao número de cortes necessários para desfazê-lo.

> Essa amarração, chamada na topologia de nó de trevo, que é o nó da paranoia, portanto, o da folie à deux, tem como característica distintiva o fato de não ser borromeano, ou seja, um corte não é suficiente para desatar a ligação entre os três. São precisos três cortes, entendendo que esses três cortes haverão de promover efeitos, ou não, de dois a dois (p. 36).

A transformação de uma cadeia borromeana em um nó de Trevo é uma operação redutiva e excludente. De seis pontos fronteiras chegamos a três, o que referenda as consequências indicadas nos campos da *inibição*, da *angústia* e do *sintoma*. E será no recorte exclusivo e supressivo que nos faz entrar nas suas incidências na política[34] e no social.

Talvez o nosso destino, enquanto sociedade hodierna-neoliberal-tecnocrática, seja mesmo a paranoia. Este é um dos aspectos que pode ser depreendido da análise que faz o psicanalista da condição na qual os sujeitos humanos são inseridos dentro das condições habitacionais em casas, condomínios e edifícios nos quais se impõem as chamadas *paredes geminadas* porosas e permeáveis, as quais podem fazer desaparecer a fronteira *Real* e *Imaginária* frente ao outro, o vizinho, como salvaguarda da *inibição social* necessária nas habitações, as quais deixam de se constituir em moradas.

[34] Seguindo a referência de Lacan, no Seminário 14, *A lógica do fantasma*, como muito bem mostrou Dias, de que *o inconsciente é a política*.

É nesse sentido que as paredes geminadas fazem eclodir, como observa Dias, a *condição paranoica que nos é comum pelo eu humano, a parede geminada nos habita para além das limitações que a Arquitetura e a Engenharia promovem nas construções* (p. 12). No caso, os barulhos produzidos, na maior parte das vezes vindos de cima e das laterais, produzem a facilitação de que *a voz do grande Outro*, ao não cessar de atravessá-las, invada sonoramente o Sujeito em uma brutalidade crescente. Heidegger já dizia que a arquitetura moderna dos condomínios tinha como efeito destruir o habitar para o Dasein. Trata-se de uma condição de possibilidade de um desamparo, o qual se constitui em terreno real e fértil para a manifestação de interpretações marcadas pela hostilidade paranoica. Os barulhos e as vozes provêm, então, do Outro.

Como produzir uma representação topológica desse fenômeno, o qual assola a vida hodierna dos condomínios e, igualmente, está presente na vivência de sujeitos paranoicos que, na solidão de seu lar, são acossados por vozes que provém do teto e lhe vociferam ameaças e recriminações? Ao trabalhar a topologia clínica desses fenômenos, Dias lembra o colocado por Lacan de que *toda loucura é vivida no registro do sentido* e que ela se realiza como *uma estase do ser* em uma *identificação* – cristalização – *ideal que caracteriza esse ponto de um destino particular* (p. 32).

Com isso, o psicanalista nos indica que, na paranoia, a língua tende a univocidade, sendo então esvaziada do brilho da equivocação. Neste processo o *destino particular* é fixado pelo grande Outro. Esta perspectiva pode ser representada pela ruptura do ponto de *sobrecruzamento* e *sobredeterminação* do *Simbólico* sobre o *Imaginário,* como o ponto vértice sobre o *sentido*. Essa ruptura produz um estágio intermediário à formação do nó de Trevo, este que cristaliza a região do *sentido* e torna contíguas as regiões da *inibição* e da *angústia*. O fenômeno do *barulho* é *imaginarizado* e a sua perspectiva imaginária se transforma, na continuidade, em produto simbólico, vindo do campo do grande Outro.

Com o surgimento da psicanálise, o horizonte de uma clínica da paranoia se mostrou mais horizontal do que inicialmente parecia ser. Haveria um núcleo germinal, no qual não se diria que existem relações entre a paranoia e a personalidade mas sim que, conforme Lacan pensou, ambas seriam uma e mesma coisa[35]. Na personalidade [paranoia] *Imaginário, Simbólico* e *Real* se encontram em continuidade, o que resultaria na representação de um nó de Trevo.

É a continuidade entre os três, agora transformados em uma corda tórica contínua, que transforma o exercício vivo da linguagem, no Sujeito, em uma experiência unívoca, impermeável, tanto ao chiste como à poesia, as quais são arrastadas e convertidas em instrumentos práticos. Neste caso, Dias nos traz, a partir de suas leituras críticas de Klemperer e Steiner, o exemplo modelar da transformação da linguagem em um instrumento de doutrinação e agressão pelos nazistas, *no qual as palavras são transformadas em minúsculas doses de veneno e, engolidas pelas massas, constroem um sistema paranoico* (p. 32). Na declamação de slogans minimalistas e vazios, a revolução nazista organizou-se entre dois polos antipodais: de um lado, a edificação do eu racial, inconsciente e coletivo e, no seu avesso, a transformação do outro não-germânico em animal, destinatário do ódio e meta de destruição.

Ora, esta estrutura, identificada pelo psicanalista, designava uma formação sócio, política e cultural, a qual buscou promover o que Chapoutot[36] chamou de *revolução cultural nazista*. Como ela

[35] Lacan, Jacques. (1975-1976). *O sinthoma*. Rio de Janeiro. Zahar. (2007).

[36] Chapoutot, Johann. (2017). *A revolução cultural nazista*. Rio de Janeiro. Da Vinci livros. (2022).

se organiza em duplas antipodais e não dialéticas, forma personalidades autocentradas, não permeáveis e servos de um sistema de linguagem que estrutura dois tipos de gozos e objetos. Aqui o psicanalista nos proporciona, ao descrever os dois tipos de gozos nos quais se encontra enredada a personalidade nazista-paranoica, ao mesmo tempo um salto e uma luz sobre os atuais movimentos de extrema-direita em nossos tempos.

O primeiro destes gozos é subtraído de uma identificação com o grande Outro nazista, situado no lugar de uma identificação alienante, na qual todo e qualquer mal-estar é expulso e os impasses e dúvidas são eliminados. Esta identificação é reificada no líder como o representante deste grande Outro que fornece, em sua linguagem minimalista e propagandística, as respostas para tudo. Estamos no campo da chamada *folie à deux*[37], na qual temos uma estrutura de combinação que se dá ao modo de *um a um* — do Sujeito ao líder. Somente a identidade junto ao líder como o grande Outro pode subsistir e prosperar. Um sistema de crenças e ações derivadas é então construído de forma imperativa e monolítica a partir da reprodução dos *slogans* que são escutados do grande Outro. A *folie à deux* invade o campo do social, das massas.

Na sequência, o psicanalista mostra que o segundo gozo, como um produto do primeiro, produz no sujeito a dimensão da liberdade. Mas não é aquela dimensão da liberdade de diferenciar-se, situar-se diante do outro, o semelhante, se constituindo em *um entre muitos*[38]. Trata-se da *liberdade para obedecer*[39] *de acordo com os imperativos de um discurso* que vem deste grande Outro. E diz o psicanalista:

[37] A qual não deixa de ser uma *folia à Deus,* pois o líder ocupa o lugar deste.

[38] A de poder saber-se e contar-se como « $n + 1$ ».

[39] Como igualmente nos mostrou Chapoutot, da juventude nazista aos nossos dias: Chapoutot, Johann. (202). *Livres para obedecer. A gestão, do nazismo aos nossos dias.* Rio de Janeiro. Da Vinci livros. (2023).

"*através da identificação com o ideal, confere ao sujeito as condições de levar ao extremo* [a sua liberdade de obedecer] *a destruição que é agenciada pelo discurso do Outro*" (p.33).

A *revolução,* ou está feita ou se encontra em marcha, e os seus exemplos modelares de passagem ao ato, sejam na *noite dos cristais*[40] ou no *oito de janeiro*[41], fazem transparecer o fenômeno vociferante do *rinoceronte*[42] da paranoia psicossociocultural[43]. O social pode mimetizar a tempestade individual, a catástrofe do Sujeito[44], como vimos na última década, no qual o seu horizonte é a afirmação de uma concepção de mundo paranoica, nos quais a verdade, o equívoco, o chiste e a poesia não estão mais em questão, mas são substituídos e subsumidos pela afirmação uníssona dos urros e gritos monotemáticos de um grande Outro, então opressivo que revisa a história sempre a bel prazer, como em 1984 de Orwell[45]. Com isso, passeamos por uma pequena parte dos noturnos psicanalíticos compostos por Mauro Mendes Dias.

[40] *A noite dos cristais* – *Kristalnacht* – ocorreu entre 9 e 10 de novembro de 1938, em uma onda de violência por toda a Alemanha e Áustria então anexada, na qual foram atacadas as Sinagogas, lojas, escolas e cemitérios judaicos. Nesta noite, 91 judeus foram brutalmente assassinados.

[41] *Oito de Janeiro* é como se designa a *intentona bolsonarista* que resultou na invasão, depredação e vandalismo do patrimônio público em Brasília, realizada por radicais bolsonaristas de extrema direita com a finalidade de derrubar a democracia e instaurar a ditadura.

[42] Conforme mostrado por Dias em: Dias, Mauro Mendes. (2021), *Entre baratas e rinocerontes.* São Paulo. Iluminuras.

[43] Existe uma conexão implícita entre o abordado por Dias e o por Marx, no *18º Brumário.* Estes tipos de revolução e as passagens ao ato que produzem são sempre um passo para trás e nunca em direção ao futuro.

[44] Cf. Zeeman, Erik Christopher. (1977). *Catastrophe theory – Selected Papers, 1972-1977.* London. Addison-Wesley Publishing Company.

[45] Orwell, George. (1949). *Nineteen Eighty-Four - 1984.* London. Secker & Warburg.

Os dois textos acessíveis via Qrcode se referem a experiências que partem dos fundamentos que as organizam e renovam.

A *Iluminuras* dedica suas publicações à memória de sua sócia Beatriz Costa [1957-2020] e a de seu pai Alcides Jorge Costa [1925-2016].